AF311206

LE
R. P. JEAN SÉRANE

PRÊTRE DE LA COMPAGNIE DE JÉSUS

Mort à Toulouse en odeur de sainteté.

NOTICE BIOGRAPHIQUE

Par le P. Émile BOUNIOL

De la même Compagnie.

Fructus autem Spiritus est : charitas, gaudium, mansuetudo, modestia...
Charité, joie, mansuétude, modestie.... ce sont les fruits de l'Esprit-Saint.
(AUX GALATES V 23

TOULOUSE
LIBRAIRIE SISTAC & BOUBÉE
14, RUE SAINT-ÉTIENNE, 14

1884

LE

R. P. JEAN SÉRANE

PRÊTRE DE LA COMPAGNIE DE JÉSUS

PIETATE CHARITATE ET SERMONE INSIGNIS
IHS
Né à Perpignan le 19 Avril 1712
Décédé à Toulouse en odeur de Sainteté, le 27 Avril 1784, à 72 ans

LE
R. P. JEAN SÉRANE

PRÊTRE DE LA COMPAGNIE DE JÉSUS

Mort à Toulouse en odeur de sainteté.

NOTICE BIOGRAPHIQUE

Par le P. Émile BOUNIOL

De la même Compagnie.

Fructus autem Spiritus est : charitas gaudium, mansuetudo, modestia...

Charité, joie, mansuétude, modestie,... ce sont les fruits de l'Esprit-Saint.

(AUX GALATES v 23

TOULOUSE

LIBRAIRIE SISTAC & BOUBÉE

14, RUE SAINT-ÉTIENNE, 14

—

1884

A SON ÉMINENCE ILLUSTRISSIME

MONSEIGNEUR

JULIEN-FLORIAN-FÉLIX, CARDINAL DESPREZ

Archevêque de Toulouse et de Narbonne.

MONSEIGNEUR,

Votre Eminence possède des droits nombreux à l'humble travail que j'ose lui offrir. Outre le zèle qui l'anime pour la glorification des saints, et la bienveillance dont Elle daigne honorer tous les Religieux de son archidiocèse, d'autres puissants motifs, Monseigneur, m'imposent le devoir de dédier à Votre Eminence la Notice biographique du R. P. Jean Sérane, prêtre de l'ancienne Compagnie de Jésus.

Né dans le Roussillon en 1712, Jésuite à Toulouse de 1729 à 1763, le P. Sérane, que les décrets inexorables du Parlement avaient conduit en exil, se hâta de rentrer, à la suppression de son Ordre, dans la ville de Toulouse, sa seconde patrie. Le nouveau prêtre séculier se fit incorporer à ce cher diocèse, pour y reprendre, jusqu'à la mort, les œuvres d'apostolat et de dévouement qu'il avait soutenues durant sa vie religieuse. Riche de vertus et de mérites, le serviteur de Dieu y succomba le 17 avril 1784, à l'âge de soixante-douze ans. On l'avait surnommé l'ami des pauvres; toute la ville pleura son Père; et ses obsèques furent un vrai triomphe pour la charité de l'apôtre.

Votre Eminence n'ignore pas d'ailleurs que les restes du

P. Sérane reposent encore aujourd'hui à Notre-Dame de Nazareth, au pied de cette même chaire où durant dix années il prêcha la parole divine; dans ce pieux sanctuaire que Votre Eminence eut la douleur de voir fermer au culte, il y a bientôt quatre ans!

Le 17 avril 1884 ramène donc le centième anniversaire de cette précieuse mort. Vos fidèles, Monseigneur, ne pourront pénétrer, sans doute, dans la chapelle bénie ; mais ils s'y transporteront par le cœur, pour y renouveler sur la tombe du P. Sérane les sentiments de leurs ancêtres, et demander au Seigneur que toute liberté soit rendue au zèle de vos missionnaires, ainsi qu'à la piété de vos diocésains.

Le bon accueil que Votre Eminence daignera faire à cet humble écrit lui donnera toute sa valeur. Sa bénédiction lui fera produire les fruits de grâce qu'en cette année jubilaire nous pouvons tous espérer du ciel, par l'entremise du serviteur de Dieu.

Daigne Votre Eminence agréer l'hommage du profond respect et du religieux dévouement avec lequel j'ai l'honneur d'être,

Monseigneur,

De Votre Éminence,

Le très humble et très obéissant serviteur, et fils en Notre-Seigneur Jésus-Christ.

Emile Bouniol, S. J.

AVANT-PROPOS

—

Deux considérations nous engagent à publier la vie du R. P. Jean Sérane, de la Compagnie de Jésus, mort à Toulouse, après la dissolution de son Ordre, en réputation de sainteté.

La première est qu'elle peut contribuer puissamment à la cause du vénéré Père Cayron, mort lui-même à Toulouse en odeur de sainteté, le 31 janvier 1754, dans la maison du Noviciat des Jésuites. Le P. Sérane, son disciple et son imitateur, nous en a retracé la vie et les vertus héroïques. Il l'a dépeint avec une fidélité si scrupuleuse, qu'on taxerait volontiers son pinceau d'une

reproduction trop complète. Montrer donc aujour-
d'hui que ce témoin véridique brille lui-même des
plus sublimes vertus, et s'environne en quelque
manière de l'auréole des saints, ne serait-ce pas
beaucoup faire pour la cause de son vénéré maître ?
La sainteté du témoin imprimerait à ses affirma-
tions un caractère d'authenticité vraiment céleste.

D'autre part, les circonstances actuelles donnent à la vie du P. Sérane une glorieuse opportu-
nité. Au 17 avril 1884, il y aura cent années que
l'infatigable missionnaire recevait dans le ciel la
récompense de ses travaux ; et, deux jours après
que la ville de Toulouse, secondée par ses premiers magistrats, honorait de magnifiques obsèques celui qu'elle appelait, dans sa reconnaissance,
l'ami de ses pauvres, le nouveau Vincent de Paul ;
celui qu'elle vénérait comme un saint.

Que notre siècle, oublieux des biens éternels,
mette toute sa gloire à célébrer les dates séculai-
res des morts que Dieu ne connaît plus ; qu'il
exalte, en une pompe extérieure et des élans fac-
tices, le nom des hommes pervers qui osèrent
retourner contre Dieu des talents reçus du ciel !
pour nous, catholiques, célébrons ces amis de Jésus,
embrasés de la charité de son Cœur, qui, par une

abnégation et des fatigues héroïques, combattirent pour Lui et pour sauver les âmes.

Modeste sans doute, ignoré même aux yeux du monde, notre centenaire du P. Sérane n'en sera pas moins glorieux devant le Seigneur, ni dans le cœur et l'appréciation des fidèles. En des temps plus chrétiens, l'on eût entouré d'un certain éclat cette solennité religieuse ; mais l'éclat conviendrait-il aujourd'hui à nos églises en deuil ! en particulier à la sainte chapelle de Notre-Dame de Nazareth, où reposent les ossements du vénéré Père, placés avec elle sous la réserve des scellés !

Il semblait donc doublement opportun de rappeler, en 1884, à l'occasion de ce jubilé séculaire, quelques traits d'une existence nourrie de dévouement et d'abnégation religieuse, toute brûlante de charité divine et d'amour du prochain; existence qu'ont admirée et bénie nos ancêtres du siècle dernier. Quelle plus belle louange pour les saints que le simple récit de leurs actes !

Ce travail, nous avons voulu l'essayer pour la gloire du serviteur de Dieu, mais non sans quelque crainte d'avoir été trop téméraire.

A cent années de distance, serait-il aisé de

rétablir la simple chronologie des faits, de retrouver l'enchaînement d'une vie qui ne compta ses jours que par ses bonnes œuvres ? Les éléments en étaient dispersés, les traditions perdues, les souvenirs presque effacés pour la génération présente. Il fallait une érudition plus exercée, plus expérimentée que la nôtre.

Aussi notre désir était restreint. Il nous suffisait de réunir en un modeste faisceau les quelques souvenirs du P. Sérane restés encore dans la mémoire des anciens. Mais, à notre grande consolation, les souvenirs se sont ajoutés aux souvenirs; les documents authentiques et précis ont surgi plus nombreux que nous ne l'espérions; documents et souvenirs incontestables, dérivés principalement de trois sources :

Premièrement, de lettres autographes du P. Sérane lui-même, et de pièces religieusement conservées dans les familles de ses neveux, encore nombreux à Perpignan.

Secondement, de manuscrits divers et de notes officielles trouvés dans les archives de la Compagnie de Jésus, échappées aux désastres de nos révolutions.

Troisièmement, de traditions orales ou écrites

conservées dans l'ancien diocèse de Saint-Paul-Trois-Châteaux, à Bollène ou à Suze-la-Rousse. Elles nous révèlent six années de la vie du P. Sérane, consacrées au ministère paroissial, durant son exil de Toulouse. Ces années nous étaient peu connues ; l'érudition zélée de M. l'abbé Toupin, curé actuel de Suze, a recueilli et retracé les vertus admirables de son prédécesseur. Dans le seul désir de glorifier le saint Jésuite, avant même de les publier dans le *Bulletin archéologique* des diocèses de Valence, Digne, Gap, Grenoble et Viviers, il a bien voulu les mettre à notre disposition.

Enfin, des souvenirs d'autant plus précieux qu'ils deviennent plus rares, mais encore conservés à Toulouse, ont complété ces documents.

Riches de ces trésors, nous n'avions plus qu'à les distribuer dans leur ordre chronologique. Cet ordre nous a été facilité par quelques notes précises, extraites par un de nos Supérieurs des catalogues conservés aux archives romaines. Elles ont vivement éclairé notre marche de 1740 à 1763.

L'Œuvre toutefois demeure bien imparfaite. Telle qu'elle est, nous l'offrons néanmoins aux personnes pieuses, pour la seule gloire de JÉSUS-CHRIST et de

ses saints. En vue du centenaire du vénéré P. Sérane, les fidèles accueilleront avec indulgence la
vie d'un religieux dont la persécution et l'exil
firent briller les vertus. Même faiblement esquis-
sées, ces vertus conserveront assez d'éclat pour
plaire aux âmes, et faire glorifier l'apôtre de Toulouse et de Perpignan.

Puissent les Cœurs de Jésus et de Marie féconder cet humble travail, et lui faire produire
des fruits de salut dans les âmes.

Toulouse, ce 19 mars 1884, en la fête de saint Joseph.

LE

R. P. JEAN SÉRANE

DE LA COMPAGNIE DE JÉSUS

SURNOMMÉ L'AMI DES PAUVRES

Mort en odeur de sainteté à Toulouse.

CHAPITRE PREMIER

PREMIÈRES ANNÉES CHRÉTIENNES

Enfance de Jean Sérane.

Le samedi 9 avril 1712, l'année même où la Compagnie de Jésus confiait au vénéré P. Cayron son Noviciat de Toulouse, Dieu faisait naître à Perpignan l'un des novices qu'il devait former aux plus sublimes vertus ; l'imitateur et l'historien de sa vie admirable (1).

---

(1) Le R. P. Gitton, nommé recteur du collège de Cahors, remettant le Noviciat de Toulouse aux mains de son successeur, écrivait au T. R. P. Général, le 29 janvier 1712 : « Votre Paternité met à ma place le P. Jean-Pierre Cayron, homme vraiment saint et orné de toutes les qualités nécessaires pour remplir admirablement cet emploi. »

1

Le 12 du même mois, Jean Sérane, baptisé dans l'église basilique de Saint-Jean-Baptiste, revêtait, pour ne plus la perdre, l'innocence des enfants chrétiens (1). Son père, Louis Sérane, et sa mère, Marie Desgars, honorables négociants de familles nobles et anciennes, professaient une piété solide, toute dévouée au Seigneur. Jean, leur second fils, dut à cette piété le bonheur d'aimer son Dieu, dès qu'il fut capable de le connaître. « Son esprit et son cœur, dit un *Abrégé* de sa vie, furent si pieusement formés, que c'était merveille de voir avec quelle ferveur, à l'âge de neuf ans, l'aimable enfant priait Dieu et s'attachait aux diverses pratiques de dévotion. » Jean Sérane avait un frère aîné nommé Louis et trois sœurs plus jeunes : Marie-Thérèse, Marianne et Françoise (2).

Les dispositions de cette jeune âme déterminèrent donc les parents à la confier sans retard aux religieux de la Compagnie de Jésus. Entré au collège de Perpignan (3), dans sa dixième année, Jean y reçut les premiers principes des lettres humaines ; il y donna surtout de si beaux exemples de vertu, que leur souvenir mérita d'être consigné dans les annales de la Maison. Sa préparation à se nourrir du pain des

(1) Pièces justificatives, nº I.

(2) Pièces justificatives, nº II.

(3) La Compagnie de Jésus eut à Perpignan plusieurs Maisons : l'Université, fondée par Mgr l'évêque Onuphre Réart, de 1602 à 1625 ; le collège fondé en 1690, celui où le P. Sérane fit ses études et fut nommé professeur. En 1702, l'on y adjoignit un séminaire de clercs.

anges fut vraiment extraordinaire. « Pénétré par avance de la grandeur du Sacrement qu'il devait recevoir, il s'y disposa par un recueillement admirable, dont tout le collège fut édifié. » Il produisit une impression surprenante sur les jeunes condisciples appelés à partager son bonheur. Les plus dissipés rentraient en eux-mêmes, renonçaient à tous les amusements préjudiciables à leurs devoirs, et suivaient résolument l'exemple qui leur était donné. Le futur apôtre se révélait; il sut embraser de flammes si ardentes les cœurs de ses amis, que tous devinrent de fervents écoliers. Prières et dévotions filiales à la Reine du ciel, visites au Saint-Sacrement, lectures pieuses, mortification des sens et pénitences expiatoires; en un mot, toutes les saintes pratiques, inspirées par un brûlant amour de JÉSUS et de MARIE, sanctifièrent les journées de ces jeunes prosélytes, toujours fidèles aux sages conseils, aux irrésistibles exemples de Jean.

Cette ferveur éclata tellement que, par un privilège digne de leur émulation et de leurs saints désirs, le P. Recteur du collège crut devoir cette année devancer l'époque ordinaire de la première communion. On comprend que Sérane en fut le premier instruit, et chargé de l'annoncer aux autres. Alors, « fondant en larmes de bonheur, » il court à ses jeunes amis : « Bonne nouvelle! s'écrie-t-il, nous allons entrer en retraite, et nous ferons dans quelques jours... notre première communion! Allons tous de ce pas demander à la sainte Vierge qu'elle daigne nous prendre sous sa protection maternelle et nous présenter à son divin Fils, afin qu'il nous bénisse et parle lui-même à nos cœurs durant le jour de notre retraite ! »

En ces cœurs déjà préparés, la parole de Jean Sérane excite de plus saintes ardeurs. On vole à l'autel de MARIE, où les vœux s'unissent dans une commune prière, qui mérite d'être exaucée. La conduite des pieux candidats, ayant toujours Sérane à leur tête, durant les exercices préparatoires, répandit dans tout le collège un parfum d'édification qu'il n'avait pas encore connu ; mais le jour même de la première communion, la sainte piété des communiants revêtit un caractère divin ; et « ce chœur d'anges célestes fit fondre en larmes d'actions de grâces les religieux de la Compagnie, leurs élèves et tous les assistants. »

La Vocation.

La divine semence tombée en si bonne terre devait être féconde ; dans le cœur de notre jeune apôtre, elle fructifia au centuple. Les Pères du collège, admirablement surpris des progrès de Jean Sérane, dans les études comme dans la vertu, le proposaient à l'imitation de tous leurs écoliers. Son humilité, rougissant de pareils éloges, n'oubliait pas de rapporter uniquement à DIEU la gloire qui lui en revenait. Ses éclatants succès lui méritent des prix et des couronnes ; mais celles-ci ne peuvent que pâlir devant sa modestie admirable. Qu'ambitionne donc le saint enfant, si ce n'est l'amour de son DIEU et les tendresses de sa divine Mère ! Dans l'église du collège de Perpignan se trouve, nous l'avons vu, la chapelle de la Reine des Anges ; MARIE voit chaque jour son pieux congréganiste venir lui adresser de ferventes prières et lui donner tout son amour. Elle l'entend avec bonheur renouveler mille fois à ses pieds l'acte de consécration qui, dès son entrée au collège, avait engagé à son service « toute sa personne et tout son cœur. »

La Reine des Apôtres avait agréé l'offrande d'un enfant de neuf ans ; après huit ans de persévérance, pouvait-elle ne plus l'agréer ? Elle fit mieux et voulut que son engagé fidèle s'enrôlât, comme Stanislas de Kostka, dans la milice de son Fils. De son côté, Jean répondait à l'appel de la Mère de grâce et brûlait du désir de réaliser ses engagements. Il va donc trouver son confesseur et lui déclare sa vocation religieuse. Le directeur, certainement éclairé par une lumière intérieure, refuse d'approuver tout de suite une telle détermination. A ce jeune aspirant de la vie parfaite il allègue des difficultés insurmontables, et le laisse longtemps dans une pénible anxiété.

Toute autre volonté devait fléchir, peut-être même se briser devant l'épreuve. La volonté de Jean, soutenue par MARIE, persiste au contraire dans son premier dessein. Les préceptes religieux, plus encore l'exemple de ses maîtres, avaient produit en son

cœur une impression profonde. Il ambitionnait la
sainte félicité que les sciences divines et humaines,
unies à l'amour de Jésus-Christ, procurent dans
une vie paisible et toujours occupée. Son âme, dé-
daigneuse du monde et de ses faux plaisirs, aspirait
à jouir de la grâce de son Dieu, surtout à travailler
uniquement pour sa gloire. Sérane insiste donc auprès de son directeur; il redouble ses prières, il
arrose de ses larmes les degrés du saint Tribunal;
et cette fois, le directeur vaincu, n'ayant jamais
douté que sa vocation ne fût divine, promet au généreux postulant de seconder ses desseins. Il y mit
d'ailleurs tout son zèle. Le jeune Sérane était connu;
ses maîtres appréciaient depuis longtemps avec les
qualités de l'esprit et du cœur, des richesses surna-
turelles peu communes aux enfants de son âge. La
demande fut donc bien accueillie, et le prudent directeur put enfin préciser au nouveau Louis de Gonzague le jour où il devrait se mettre en route pour le
Noviciat de Toulouse.

Les luttes du cœur.

C'était aussi le temps où ces belles qualités du
jeune Sérane, transformées par une grâce divine qui
se reflétait dans ses traits, le rendaient aimable et
cher à tous. « Un cœur sensible, une bonté généreuse et l'aménité de ses mœurs » embellissaient sa
jeunesse. Rien n'est beau comme l'enfant conservé

dans son innocence naïve, si ce n'est le jeune homme vainqueur des séductions de son âge ; qui, selon la louange de l'Esprit-Saint, aurait pu transgresser les volontés divines et ne l'a point fait ; succomber aux suggestions du mal, et n'a point succombé. Tel était bien, à l'âge de dix-sept ans, notre aspirant à la vie religieuse ; doué d'ailleurs de la sereine joie que donne la pureté du cœur ; d'une vivacité d'autant plus aimable qu'elle était plus spontanée ; ajoutons même de cet esprit de saillie, si recherché dans les conversations humaines. Quel avenir allait s'ouvrir devant lui !

Ses parents surtout remerciaient Dieu de leur avoir confié ce trésor. Dans leur reconnaissance, quelque attachement que leur inspirât le reste d'une famille bien-aimée, ils réunissaient sur cet enfant béni leurs plus tendres affections. Amour de prédilection, dont ils tenaient à lui donner les preuves les moins équivoques, puisqu'ils avaient résolu de lui transmettre tous leurs biens, lésant en sa faveur les droits que les sages coutumes du temps donnaient à un aîné sur l'héritage de ses frères.

Brillante perspective pour un jeune homme chéri de tous ! Pourra-t-elle ne pas l'éblouir ? Ne le craignez pas de sa vertu. Sérane apprend les volontés de sa famille ; il voit sacrifier un frère qui lui est cher, et sa réponse est un refus formel. L'acte coûtera peu d'ailleurs à sa générosité. Loin de le faire renoncer à ses desseins, la proposition d'une plus riche fortune ne sert qu'à les consolider. Qu'a-t-il

besoin de richesses, lui déjà si riche des dons célestes et des offres de son DIEU ! Dès ce moment, l'héroïque jeune homme ne délibère plus sur le parti
qu'il doit prendre, et fort des encouragements de
ses directeurs, il le déclare à ses parents étonnés.

Pouvons-nous dire qu'à cette nouvelle ceux-ci ne
sentirent pas dans leur âme le coup de glaive du
sacrifice ; qu'ils ne cherchèrent pas à détourner leur
enfant d'une séparation aussi cruelle ; qu'ils ne firent
aucun appel à son cœur par les prières et par les
larmes ! Il est bien rare qu'une vocation religieuse
venant du ciel n'opère pas un déchirement dans les
âmes ; c'est la pierre de touche d'un or pur. Mais la
grâce de DIEU triomphe des répugnances de la nature, et les cœurs s'inclinent devant son appel. Les
parents chrétiens de Jean Sérane furent donc plus
attentifs au cri de la religion qu'à celui de leur amour
et de leurs intérêts. Les pleurs du fils se mêleront
sans doute aux pleurs de toute la famille ; mais ils
seront ses derniers adieux. Jean voulut en effet éviter à son père et à sa mère les douleurs extrêmes de
la séparation. Il quitta donc Perpignan au plus vite
et se rendit à Toulouse, où, le 28 septembre 1729,
veille de la Saint-Michel, à l'âge de dix-sept ans, il
devint le fils de saint Ignace.

CHAPITRE II

Le Noviciat.

Vainqueur de lui-même et du monde, Jean Sérane fut récompensé par une grâce précieuse ; Dieu lui avait réservé et lui donnait pour directeur le vénéré P. Cayron, alors Recteur et Maître des novices à Toulouse. Sous l'impulsion vigoureuse du serviteur de Dieu, le jeune religieux put fortifier sa vertu, et recevoir cette trempe d'âme qui fait les saints.

Dès l'abord, le maître et le novice s'apprécièrent et s'aimèrent en Jésus-Christ. Sérane savait déjà discerner le vrai mérite ; il fut frappé de celui de son supérieur. Animé d'une sainte émulation, il résolut aussitôt de marcher sur ses traces ; et l'on verra que jusqu'à la mort il ne détourna jamais les yeux de son modèle.

De son côté, le P. Cayron eut bientôt sondé le cœur généreux de son jeune novice ; il voulut l'entraîner avec lui aux sommets de la perfection. L'habile conducteur le fit donc avancer à grands pas

1.

dans les voies préférées du Sauveur de nos âmes : l'abnégation et l'humilité. La joie du jeune religieux dans les humiliations de Jésus-Christ ravissait le cœur de son Père Maître. Il en fit le coopérateur de ses œuvres, lui apprit à se dépouiller lui-même pour secourir les autres, et développa dans son âme l'amour du dévouement envers les malheureux. Jean Sérane en fut embrasé toute sa vie.

Le maître et le novice visitaient les hôpitaux de Toulouse, où celui-ci pouvait déjà se livrer à toute l'ardeur de son zèle ; annonçant déjà, dans ses débuts héroïques, la vertu de son âge mûr et l'apostolat de sa vieillesse. C'était un apôtre, en effet, que Dieu réservait à la province de Toulouse, et qu'il façonnait lui-même dans les épreuves du Noviciat.

« Fidèle et scrupuleux observateur des sages règlements de son Institut, il en devint pour ainsi dire l'esclave. » Les épreuves auxquelles les supérieurs devaient le soumettre offraient un nouveau mérite à sa vertu ; allumant ainsi dans ses frères, comme jadis au collège de Perpignan, la sainte émulation de le suivre dans les voies de la perfection. On remarqua dès son pèlerinage, dit un récent ménologe de la Compagnie (1), qu'à l'exemple de saint Ignace, il répandait la bonne odeur de Jésus-Christ. Tous le regardaient comme un apôtre. Sa modestie, son maintien annonçaient un homme de Dieu ; on s'empressait de courir à lui, pour enten-

____

(1) P. de Guillermy (Assistance de France), 12 avril.

dre sa parole et ses catéchismes, qu'il terminait
toujours par des mots pleins de feu, dont l'effet sur
ses lèvres devenait presque irrésistible : « Aimons
Dieu, mes frères, aimons Dieu ! car il mérite d'être
aimé ! »

Le Frère de Stanislas et de Louis de Gonzague
goûtait lui-même dans cet amour les plus suaves
consolations. On sait que Dieu les prodigue volontiers aux premières années de la vie religieuse, afin
de préparer et d'encourager les âmes aux plus pénibles travaux de l'apostolat.

Quelle fut, d'ailleurs, son exactitude et sa fidélité
aux règlements, qui lui méritaient ce torrent de
grâces : nous le voyons par une lettre autographe,
qu'il écrivait en 1715 au jeune Pierre Ferrier, pour
l'encourager et le soutenir dans ses premières années religieuses :

« Mon cher Frère, je prends sur mon sommeil
pour vous écrire ces lignes ; mais je ne puis pas
prendre sur moi de laisser partir le P. Lacaze sans
vous donner des marques de mon bon souvenir.
Vous m'avez toujours été cher, mon cher Ferrier,
et vous me l'êtes encore. Je souhaite que vous vous
conduisiez toujours de façon à mériter mon amitié.
Il n'est pas à craindre qu'elle s'affaiblisse tant que
je recevrai de vous des nouvelles pareilles à celles
que le P. Lacaze m'a données. Je n'ai qu'à vous
exhorter à continuer ; surtout à être exact à votre
règle. Il y a tant d'avantages dans cette exactitude,

et le défaut contraire entraîne tant de maux après soi, que *je ne vois pas de malheur plus grand* pour un jeune Jésuite que de ne pas la suivre avec fidélité. Ce qui me fait plaisir, c'est que, par la manière dont on m'a parlé, il ne paraît pas que vous ayez besoin que je vous renouvelle mes avis sur ce point.

« Adieu, mon cher Ferrier, conservez-moi toujours quelque part dans votre bon souvenir et dans vos prières, et croyez que personne n'est plus sincèrement que moi votre, etc... »

Il est donc vrai que, novice lui-même, le F. Sérane élevait au-dessus de tout dans son estime la prompte et fidèle observation des règles. Il fallait les pratiquer exactement « pour mériter son affection. » Ainsi les observa-t-il durant son noviciat ; et son vénéré Maître, le P. Cayron, en faisant l'éloge de sa fidélité, formulait en 1730 son appréciation sur le jeune Jésuite, et signalait en lui « un esprit bien doué, un jugement sain, une maturité pleine d'espérances, des progrès peu ordinaires dans les études ; et avec un tempérament porté à la réserve, une aptitude remarquable à l'enseignement des collèges, surtout pour les humanités. »

Nous conservons encore, écrit de la main du saint Père Maître, et transmis par le P. Sérane, l'horaire du Noviciat. Il nous serait donc facile d'énumérer jour par jour, heure par heure, les divers exercices sanctifiés par le jeune novice. Nous ne le suivrons pas dans ce détail.

Lui-même nous a conservé encore les conseils pleins de sagesse que le vénéré P. Cayron donnait à son jeune religieux sortant du Noviciat pour se rendre dans les juvénats ou dans les collèges, afin de s'adonner à l'étude comme à l'enseignement des lettres. On peut supposer la docilité du F. Sérane à pratiquer ces saints conseils (1).

La Régence.

Ainsi muni des recommandations écrites de son vénéré Père, conservées par lui comme un trésor, le nouveau scolastique, dont on connaissait la solide vertu, fut envoyé à Aurillac, au mois d'octobre 1730, avant la fin de son noviciat. Il y devait commencer le cours de son enseignement. Sa vive piété, son amour du travail, la droiture de son esprit, ses aptitudes presque universelles, un zèle embrasé pour le salut des âmes, distinguèrent entre tous les régents le jeune professeur de cinquième. Fidèle à ses résolutions de Toulouse, ainsi se préparait-il à ses premiers engagements, si longtemps désirés. Il dut les contracter le 29 septembre 1731, toujours sous le patronage de saint Michel.

Deux ans de suite, il enseigna successivement les deux divisions de la première grammaire (sixième et cinquième), et suivit ses mêmes élèves d'Aurillac

(1) Pièces justificatives, n° III.

comme professeur de quatrième. Aux vacances de septembre 1733, il fut transféré au collège de Béziers, où de nouveaux élèves purent apprécier ses qualités brillantes, et jouir de leur saint professeur pour les cours de seconde et de rhétorique.

Ainsi, durant six années consécutives, il avait reproduit dans sa régence d'Aurillac et de Béziers les vertus de saint François Régis et celles de son vénéré P. Cayron, devenus ses modèles; ainsi se formait-il aux travaux religieux et apostoliques de toute sa vie, par les occupations méritoires d'un enseignement fructueux.

Toujours pénible et quelquefois dangereuse, la régence pour lui ne sera point un écueil; elle sera plutôt un stimulant pour son avancement spirituel. Le bon régent se forme lui-même aux sciences en y formant ses élèves; il devient même plus vertueux pour mieux enseigner la vertu. Sérane sut inspirer aux jeunes âmes qui lui furent confiées ce tendre amour de la piété sincère, dont il avait le cœur tout rempli : « Parlez ici pour lui, s'écrie un de ses panégyristes, vous tous qui eûtes le bonheur de vivre sous la conduite d'un tel maître! Vous nous direz qu'il veilla surtout à l'innocence de vos mœurs; qu'il en écarta tout ce qui eût pu la corrompre; qu'il ne cessa de vous exhorter à la crainte de Dieu, à la fuite du vice, à la dévotion envers Marie, à la fréquentation des sacrements. »

Au fond, le jeune régent accomplissait une charge douce à son cœur, poursuivait lui-même la carrière de ses études, et s'élevait dans les voies de DIEU. Il tenait à sa vertu plus qu'aux sciences, il le montra surtout dans l'enseignement des belles-lettres, lorsque l'étude des auteurs profanes lui devint absolument nécessaire. Quel soin ne prit-il pas pour préserver son cœur d'une corruption trop commune ! Il ne se permit jamais une simple lecture capable d'alanguir en lui l'esprit religieux, sans élever son intention à DIEU ; bien plus, s'en se revêtir des plus rudes armes de la pénitence, imposant à son corps la chaîne de fer et le cilice. Il fut, d'ailleurs, saintement passionné des macérations corporelles ; le seul frein de l'obéissance modérait son ardeur à se crucifier. Néanmoins, l'usage des instruments de mortification l'avait réduit à un tel état de défaillance et de maigreur qu'on croyait voir en lui un squelette ambulant. Les sollicitudes des Supérieurs s'éveillèrent ; des ordres furent donnés au fervent professeur ; il s'y soumit avec une simplicité parfaite ; et DIEU la bénit si bien, qu'en peu de temps il recouvra les forces que la mortification lui avait enlevées.

En 1736, probablement sur les instances de sa famille, pour la consolation de sa pieuse mère, comme aussi pour retrouver toutes ses forces dans la respiration salutaire de l'air natal, le Frère Jean Sérane fut accordé à Perpignan et chargé de la classe de rhétorique, au collège même où s'était formée et sanctifiée sa jeunesse. Ses compatriotes connaissaient par la renommée les grandes qualités de leur professeur ; ils purent le voir à l'œuvre et jouir durant toute une année du bien que son expérience, son zèle et ses talents opéraient autour de lui, surtout à l'égard des jeunes rhétoriciens confiés à son dévouement.

Le Scolasticat.

Mais l'heure de la préparation sacerdotale était venue pour lui; Sérane était dans sa vingt-sixième année; ses forces étaient rétablies; il fallut donc songer à terminer sa régence. Au mois d'octobre 1737, il reçut son obédience pour Rodez, où les jeunes Jésuites suivaient un cours de solide philosophie. Un nouveau sacrifice était donc demandé au fils et à la mère; une seconde fois, Jean s'arrachait à des embrassements bien légitimes; mais l'on s'inclinait de part et d'autre devant la volonté divine, et le mérite en était centuplé. Sérane se livra donc à Rodez aux fortes études métaphysiques qui devaient être pour lui le fondement nécessaire aux savants écrits de controverse qui l'occupèrent toute la vie. L'année suivante, il quitta Rodez pour aller suivre les cours de théologie et d'Écriture sainte au célèbre collège de Tournon (1).

Ce fut le 17 mai 1739, dimanche de la Pentecôte,

(1) Ce collège fut fondé en 1560 et offert à la Compagnie de Jésus, par Son Em. le Cardinal de Tournon, archevêque de Lyon, deux années avant sa mort. — Il comprenait toutes les classes. — La Province de Toulouse y plaça, pour les scolastiques, un de ses théologats.

qu'il y reçut la tonsure et les Ordres mineurs des mains de Mgr Alexandre Millon, l'un des plus illustres évêques du siège de Valence (1). Un an après, le 11 septembre 1740, dimanche dans l'Octave de la Nativité, le pieux scolastique fut honoré du sacerdoce, et nous le trouvons, au mois d'octobre, inscrit parmi les prêtres du grand Collège de Toulouse, en troisième année de théologie. A Toulouse, comme à Tournon, il eut à soutenir des thèses publiques; elles lui méritèrent les applaudissements de tous; mais il paraissait être le seul à ignorer ses talents. Toujours fidèle, d'ailleurs, à cette maxime du P. Cayron : « Quand on ne cherche qu'à plaire à Dieu, on ne désire réussir qu'autant que c'est son bon plaisir; et quoiqu'on s'applique à s'assurer le succès, on se tient néanmoins toujours dans l'indifférence. »

Les premiers biographes se plaisent à nous décrire avec quelle piété, quels saints désirs il avait vu descendre sur lui l'inénarrable bienfait du Seigneur. « Je ne dirai pas, dit l'un d'eux, combien il employa de prières, ni avec quel zèle il sollicitait des Supérieurs, à l'approche de sa promotion aux saints Ordres, la permission de reprendre la pratique des mortifications extérieures : on peut en juger par celles qu'il avait pratiquées avant sa maladie, au point d'en perdre les forces. Et quoiqu'il estimât plus nécessaires les préparations intérieures, il ne

____

(1) Pièces justificatives, nº IV.

négligea rien des moindres observances liturgiques pour se mettre en état de célébrer avec cet extérieur édifiant qu'exige le saint sacrifice de la messe. »

Aussi quelle dévotion angélique en cette divine action ! Comme la tendre ferveur de son âme se reflétait au dehors ! Tout pénétré du grand Mystère qu'il célèbre, le nouveau prêtre arrose l'autel de ses larmes toutes les fois qu'il a le bonheur d'y monter. « Le P. Sérane dit la messe comme un saint ! » C'est le cri du peuple qui assiste au saint sacrifice. Au point qu'entendant cet éloge, le saint prêtre en est troublé et s'en humilie profondément devant Jésus-Christ. Car l'estime publique lui fait redouter davantage le jugement de Dieu, aussi différent de celui des hommes que le ciel est différent de la terre.

CHAPITRE III

Au collège d'Albi.

Revêtu du caractère sacerdotal, le P. Sérane vint terminer à Toulouse, avec le plus heureux succès, ses quatre années d'études théologiques. Au mois d'octobre 1742, n'ayant pas encore l'âge des vœux solennels, il est nommé professeur de logique au collège d'Albi (1).

La rectitude de son jugement, la pénétration de son esprit, la clarté de son style, la vigueur de sa dialectique, lui rendait facile un emploi qu'il remplissait avec un dévouement sans égal. Mais son zèle apostolique réclamait aussi son aliment. Il le trouva dans la congrégation des ouvriers de la ville, dont on le nomma Directeur. Il les nourrissait de sa piété, les animait de son ardeur. L'année suivante,

(1) Le collège d'Albi avait été fondé en 1623, par Mgr Alphonse Béni. Son premier Recteur fut le P. Jérôme de Saint-Albin. En 1681, on adjoignit à ce collège un séminaire de jeunes clercs, où se formaient les prêtres de ce diocèse.

sans abandonner ses chers congréganistes , il dut assister le R. P. Recteur comme ministre du collège, et prendre encore la chaire de physique. Mais l'ouvrier apostolique pouvait-il être effrayé par le travail ! Ce fut alors sans doute qu'il écrivit en latin un traité, dont il nous reste le manuscrit, sur la *tension*, l'*inflexion*, l'*équilibre* et la *vibration des cordes*. Le professeur développe ce traité en soixante-quatre articles concis, logiquement déduits les uns des autres, avec une précision, une clarté, une netteté de figures, que nos modernes physiciens ne déprécieraient pas.

Au Troisième an.

En octobre 1744, l'heure de la troisième probation était venue ; le P. Jean Sérane revint d'Albi à Toulouse pour y retrouver la direction spirituelle du vénéré P. Cayron, qui, laissant le gouvernement de la Maison Professe, venait remplir au Noviciat de Toulouse la charge d'Instructeur des Pères du Troisième an. Le disciple nous décrit lui-même comment son vénérable Instructeur dirigeait les fervents religieux dont il avait à perfectionner la vertu. Il nous détaille par là, sans le vouloir, tout le travail de sanctification qu'il avait entrepris sous la conduite d'un tel maître.

« Dans ses enseignements, nous dit-il, le cœur du P. Cayron s'expliquait mieux que son esprit, toujours pénétré des sentiments qu'il exposait. De leur côté, ces jeunes Pères ne perdaient aucun de ses sentiments; et à mesure qu'ils l'entendaient, ils sentaient leurs cœurs se dilater et devenir capables de toutes les vertus, dont il leur inspirait le goût et leur ouvrait la route.

« Pour les fonder plus solidement dans la vertu, il les exerçait dans les pratiques les plus humiliantes de la vie religieuse; et comme le zèle entre dans le caractère du vrai Jésuite, il leur ménageait les occasions de l'exercer dans les prisons, les hôpitaux, quelquefois à la ville par des discours, ou à la campagne par des missions. Ces jeunes Pères portaient dans ces divers lieux l'esprit dont il les avait remplis, et, par un mélange de crainte et d'amour, excitaient la componction dans tous les cœurs; ils ne manquaient guère de les gagner à Dieu (1). »

En faisant ainsi l'éloge de son instructeur spirituel, le P. Sérane ne nous dit pas que de tous les jeunes Pères dirigés ainsi par le P. Cayron, il fût celui qui s'appropria le mieux ses principes. Déjà éminent dans le savoir et la piété à la fin de sa troisième probation, il fut retenu auprès des novices pour les instruire et les former aux belles-lettres; plus tard, transféré à la Maison Professe, il devint entre tous ses Frères, à l'égard du P. Cayron, son modèle, le saint et l'apôtre de Toulouse, l'homme de toutes les œuvres de zèle, de dévouement et de charité.

(1) *Vie du R. P. Cayron*, p. 262.

Œuvres de charité à Toulouse.

Dans les exercices les plus abjects, rien ne pouvait satisfaire son humilité, ni épuiser son abnégation. Mais ses beaux exemples de vertu ne demeuraient pas renfermés dans la maison de la Compagnie qui eurent le bonheur de le posséder. Menant de front l'étude des sciences qui n'offrent plus rien de difficile à sa pénétration, découvrant ce que la métaphysique a d'abstrait, la physique de merveilleux, la théologie de sublime ; habile aux controverses sur toutes les branches de la religion, le P. Sérane est tout à fait le père des pauvres, le soutien des malades, la consolation des prisonniers et des condamnés au dernier supplice. Toute infortune à soulager, toute âme à ramener à Dieu, attirent invinciblement le prêtre de Jésus-Christ.

Les hôpitaux. — Dans les hôpitaux de Saint-Jacques et de la Grave, ni son zèle, ni sa charité ne connaissent de limites ou de réserve.

L'approche des maladies que redoute le mercenaire n'a rien d'affreux pour son dévouement. Il aborde avec amour les membres souffrants de Jésus-Christ : « La foi autant que la charité, dit-il aux fervents novices qui l'accompagnent, doit nous conduire auprès de ces pauvres malades ; c'est Jésus-Christ que nous avons à visiter, à servir, à consoler ! Regardons, mes chers Frères, regardons chaque lit où repose un malade comme un tabernacle où réside Jésus, et toutes les œuvres de miséricorde que nous accomplissons dans ces maisons de douleurs seront récompensées au centuple. »

Comme il en donne lui-même l'exemple ! quel intrépide dévouement il met à exhorter les victimes d'une mort prochaine ! Que de larmes de repentir il fait répandre aux malades sur leurs murmures ! comme il sait les déterminer au sacrifice de leur vie à l'exemple des saints, surtout du Dieu crucifié qu'il leur prêche ! « L'innocent a souffert pour l'amour de vous, leur disait-il ; enfants coupables, quoi de plus juste que de souffrir vous-même pour Lui ! »

Puis, avec une patience angélique, il prêtait l'oreille aux confessions des mourants ; et Dieu donnait à son serviteur des forces plus qu'humaines, des marques sensibles de sa protection. Dans le cours d'une épidémie qui moissonnait tous les âges, quand les ministres des autels tombaient avec les victimes secourues, le P. Sérane, respirant nuit et jour des exhalaisons mortelles, fut toujours préservé par la main invisible de Celui qui commande à la mort.

Les prisons. — Des hôpitaux, l'apôtre de Jésus-Christ descend au fond des prisons, dans ces cachots obscurs qui souvent retentissent d'affreux blasphèmes. A sa vue, les malheureux chargés de fers paraissent déjà soulagés de leurs peines. Ils entendent la voix consolante du saint religieux leur apportant des

paroles de salut et la miséricorde divine. Le P. Sérane les presse tendrement dans ses bras, et mêle
ses larmes à leurs larmes : « Vous êtes notre ami,
notre père ! lui disent ces infortunés pour la plupart
destinés au dernier supplice ; de grâce ne nous
délaissez pas ! — Vous êtes mes amis, mes enfants,
leur réplique le Père, je vous porte tous dans mon
cœur. S'il est consolant pour vous de me voir, il le
sera bien plus pour moi, lorsque, faisant à mes pieds
l'aveu de vos crimes, vous en solliciterez le pardon
de Celui qui sauvera vos âmes. » Et ces malheureux
condamnés par la justice humaine étaient absous au
tribunal de Dieu.

Les condamnés à mort. — Toulouse à vu souvent,
— les *Heures perdues* de Barthez en ont conservé
le souvenir, — des âmes rebelles et obstinées jusqu'au pied du gibet, dont les derniers efforts de la
tendresse du P. Sérane triomphèrent enfin devant
tout le peuple, et qui dans l'horreur des tourments
donnèrent de vives images du Bienheureux larron
expirant sur la croix (1).

Le P. Sérane fondait en larmes ; puis, lorsqu'ils
avaient rendu le dernier soupir, il se retirait du lieu
du supplice, et dans la maison sainte qu'il habitait,
il exerçait sur son corps des macérations inouïes ;
se faisant victime expiatrice, pour apaiser la colère
divine en faveur des scélérats repentants.

(1) Ménologe du Rév. P. de Guilhermy, 17 avril (Assist. de France).

L'apôtre redoublait ses pénitences, lorsqu'il avait eu la douleur de voir ces malheureux, les hérétiques surtout, résister jusqu'à la fin aux efforts ardents de son zèle. Son dévouement était d'ailleurs si connu, que l'autorité militaire même, de passage à Toulouse, réclamait ses secours pour les soldats condamnés.

Le même chroniqueur, à qui l'on reprochait d'enregistrer trop fidèlement les supplices, est un témoin irrécusable, comme suscité par la Providence en faveur du serviteur de Dieu. Il signale souvent le saint Jésuite, toujours avec les plus grands éloges. Le 1ᵉʳ février 1753, un homme de soixante-cinq ans est condamné comme voleur, et comme ayant exposé deux enfants : « Le P. Sérane, dit Barthez, qui l'exhortait comme les autres, fit aux assistants une remontrance très pathétique, selon ses louables coutumes (1). »

Non seulement le vaillant religieux excitait et soutenait de ses exhortations pieuses ces pauvres infortunés, mais il obtenait souvent que l'on diminuât leurs supplices. « Un homme, convaincu d'avoir volé des vases sacrés, fut condamné par le sénéchal de Nîmes à être brûlé vif. Il eut le poignet de la main droite coupé ; mais il fut ensuite étranglé et ne fut brûlé qu'après sa mort. Le P. Sérane avait obtenu ce *retentum*, ajoute Barthez, pour ne pas le faire tant souffrir. »

Le chroniqueur cite encore trois criminels dont les

____

(1) *Heures perdues* (février 1753).

1..

tortures sont adoucies à là prière du saint apôtre.
Il ajoute au sujet d'un jeune homme du Vivarais :
« Jamais prévenu n'a témoigné tant de regret
d'avoir offensé Dieu, ni tant de soumission à sa volonté. » — « Un jeune homme de seize ans, du diocèse d'Auch, était si bien disposé par le Père, qu'il
ne cessait de crier qu'il s'en allait droit au ciel. »

Autres œuvres de charité — Toutefois, quel que
fût leur nombre, les coupables dans les prisons,
les condamnés à l'échafaud, ne pouvaient épuiser
le zèle du serviteur de Dieu. « Toulouse, disent
les mémoires du temps, se rappellera les tristes
époques où des incendies imprévus excitèrent
l'alarme publique; elle redira le dévouement de Sérane, à la tête de plusieurs religieux de sa Compagnie, marchant à travers les flammes pour secourir
les victimes, travaillant lui-même à éteindre le feu,
ou du moins empêcher sa communication, avec
l'ardeur de l'ouvrier le plus infatigable. »
Toulouse redira certainement aussi sa charité
inépuisable pour toutes les misères de la vie, en
particulier durant la cherté des vivres de 1747. Les
familles honteuses, les pauvres, les indigents, les
âmes innocentes exposées à se perdre, auraient alors
publié tous ses actes, s'il ne les avait lui-même
arrêtés dans leurs révélations. « Mais la reconnaissance, ajoute son panégiriste Bellouguet, les rendait
imprudents (1). »

(1) *Eloge historique.*

La confiance qu'on avait en lui avait fait naître une pieuse association pour le soulagement des pauvres. De là provenaient des ressources fournies à des familles infortunées, réduites par les revers à la plus dure nécessité, ne rougissant pas de recevoir ces aumônes des mains du serviteur de Dieu. Sa charité savait découvrir leur retraite avec le secret de leur misère, prévenir leur demande, et leur épargner toute démarche pénible à leur amour-propre.

Le zèle des âmes. — Ne parlons pas ici, — son activité infatigable nous y ramènera plus tard, — du zèle qui le dévorait pour sauver et sanctifier les âmes. Direction des congréganistes, retraites publiques et privées, prédications continuelles dans les églises de Toulouse, Saint-Géraud surtout et Nazareth, occupaient sans relâche l'apôtre de Jésus-Christ. « L'action de sa parole pénètre jusqu'au fond des cœurs ; partout on publie que Sérane est vraiment l'homme de Dieu. » Mais Toulouse même ne lui suffira pas : « Plusieurs villes de France se rappelleront avec bonheur que le P. Sérane, prêchant les Exercices de saint Ignace, arbora dans leur enceinte l'étendard de la croix, ramenant à Dieu, par la douceur et ses savantes instructions, les pécheurs les plus rebelles et les plus endurcis. »
Ainsi en 1751 animait-il de son ardeur la confrérie des Pénitents noirs, qui, en cette année jubilaire célébraient en grande solennité les faveurs spirituelles que le pape Benoît XIV venait de leur accor-

der. Les autres confréries de la ville s'empressaient à tour de rôle de prendre part à ces faveurs, heureuses aussi de recueillir les paroles ardentes du P. Sérane, qui les exhortait à progresser dans la vie chrétienne, tout en se dévouant à soulager les malades et les malheureux.

« L'élite de la population toulousaine, écrit M. l'abbé Toupin, s'empressait de répondre à son appel : la noblesse, la magistrature, l'armée, l'université, comptèrent de nombreux représentants, enrôlés sous la bannière de ce héros de la charité. La charité mérite-t-elle ce nom, lorsqu'elle oublie chez le pauvre les grands intérêts du salut et de l'éternité? — Orphelins à recueillir, enfants abandonnés à faire élever, familles déchues à aider, lits des hôpitaux à renouveler, vertus sur le point de faire naufrage à protéger, pauvres à nourrir, affligés à consoler, agonisants à assister, rien n'échappait à sa sollicitude. Pour suffire à tant d'œuvres, il fallait des ressources considérables. Mais il savait plaider si éloquemment la cause des malheureux, que les membres de son association lui fournissaient par leurs riches offrandes un trésor en quelque sorte inépuisable. Grâce à son zèle, Toulouse connut par anticipation les merveilles de charité qu'opèrent de nos jours les conférences de Saint-Vincent de Paul (1).

(1) Notice sur le P. Sérane, par M. l'abbé Toupin, curé de Suze-la-Rousse, articles publiés dans le *Bulletin d'histoire ecclésiastique.* Nous dirons plus loin tout ce que nous devons à l'érudition et à la charité de M. le curé de Suze.

CHAPITRE IV

LA MAISON PROFESSE

Travaux à l'intérieur.

Nous avons essayé jusqu'ici de décrire les œuvres de zèle et de charité que l'infatigable ouvrier de Jésus-Christ multipliait dans la ville. Nous y retrouverons notre vaillant apôtre dans des circonstances bien différentes, mais avec un dévouement encore agrandi par l'épreuve.

Pénétrons un moment dans la cellule du religieux, ou dans l'église de la Maison Professe. Là s'allumaient, dans la méditation et les exercices de la vie régulière, les feux qui dévoraient son âme, et se faisaient jour au dehors. Aussi bien, pourrait-on supposer qu'à l'intérieur de sa maison religieuse son zèle demeurât inactif? Au moment de sa vie qui nous occupe, vers 1750, trois ministères principaux remplissaient la journée du saint Jésuite. On admirait en lui le confesseur, le prédicateur et l'écrivain.

L'éloge qu'il fait lui-même du P. Cayron, son vénéré maître, peut s'appliquer au P. Sérane. Nommé confesseur d'office à la Maison Professe, il regardait comme son premier devoir de courir au saint tribunal chaque fois qu'on le demandait. Les âmes s'y découvraient à lui comme à Dieu même ; on l'aimait, on l'écoutait comme un père ; on recherchait les conseils de sa prudence, les pieuses maximes de sa morale, les décisions de son grand savoir.

Ce savoir égalait, du reste, son dévouement. Les études auxquelles il s'était livré durant un enseignement de dix-huit années, sur la philosophie, la physique et l'histoire, l'avaient rendu capable de réfuter les erreurs de son temps. Erreurs perfides et mortelles, qui minaient déjà toute la France, prêtes à déterminer un effondrement de principes, que les sages avaient prévu, et dont les ruines ne se relèvent pas encore ! « Il paraît impossible, dit son panégyriste, qu'un homme dont les moments étaient si remplis par les occupations de son ministère pût cependant ajouter tous les jours à la masse de ses connaissances ; je ne dis pas seulement par une continuelle étude de la théologie, mais encore par la réunion de celles qui constituent le vrai savant. »

On lui reconnaissait une pénétration vive, mesurant avec rapidité toute la portée d'une cause ; une intelligence vaste et sûre qui en embrassait tous les rapports. Sa diction était simple, mais élégante. Des nombreux écrits du P. Sérane, un certain nombre de fascicules ont échappé au bouleversement de son Institut, de 1762 à 1773. Ce sont de vives et alertes réfutations de « M. de Voltaire, » dont l'abondance et la facilité perverse s'ingéniait alors à jeter le ridicule sur nos Livres saints, sur les écrits de Moyse en particulier. Un des travaux du P. Sérane réfute la *durée indéfinie du monde*. Le religieux polémiste n'a pas de peine à montrer l'*ennemi de l'Église* s'égarant à plaisir dans les temps reculés de l'histoire de la Chine, où travaillaient alors les missionnaires de la Compagnie, lorsque dix générations à peine suffisent à expliquer la population de ce pays. Il termine sa réfutation par cette réflexion, toujours opportune :

« ... Il n'y a donc rien à perdre pour la religion à se battre de près avec ses ennemis ! Leurs armes effrayeraient de loin ; car elles ont un éclat qui frappe en apparence : légèreté de style, élégance et pureté d'élocution, vivacité d'images, traits d'esprit, railleries piquantes, voilà bien la dorure qui les fait briller ! mais si l'on en vient aux mains, on sort de la mêlée sans en être blessé ; sous cette belle dorure n'étaient que des armes de bois ! Ces messieurs semblent dire de belles choses ; dans le fond, ils ne disent rien ; ou plutôt, ils émettent des propositions absurdes. — N'en est-ce pas une bien grande que celle dont nous venons de discuter les preuves ? »

Ainsi le polémiste courageux ne craint-il pas de suivre pas à pas et de réfuter « M. de Voltaire » sur l'origine des hommes ; sur l'histoire, les mœurs, la littérature, l'éducation des enfants chez le peuple juif. Ces réfutations partielles nous font plus vivement regretter la perte de ses autres manuscrits.

Mort du Père Cayron.

Le R. P. Sérane se livrait de la sorte aux travaux de la composition et du saint ministère, lorsque le 31 janvier 1754, le vénéré P. Cayron, après une sainte vie de quatre-vingt-trois ans, mourut à Toulouse, en grande réputation de vertu. Il s'éteignait dans ce même Noviciat, où durant trente années presque tous les Jésuites de la Province avaient reçu et pratiqué ses solides enseignements. Toute la ville le proclamait saint ; elle vénérait ses reliques ; et devant les prodiges qui glorifièrent sa tombe, elle demandait qu'on le plaçât au rang des bienheureux.

De leur côté, ses frères n'avaient qu'une voix pour solliciter le P. Sérane de recueillir les documents nécessaires, et de retracer au plus tôt les traits et la vie du maître qu'il avait si bien connu. Ce ne pouvait être l'œuvre d'un jour. Néanmoins le fils spirituel du P. Cayron l'entreprend, à l'honneur de son Père, avec tout l'entraînement de son cœur. Il se met en relation avec les Jésuites de France et les missionnaires du monde entier, formés aussi et dirigés par son maître, pour en obtenir des documents authentiques, des lettres autographes, propres à faire éclater la sainteté de leur vénéré Père. Leurs réponses, conservées encore pour la plupart, prouvent l'activité du P. Sérane et sa correspondance avec tous les points de l'univers. Sa sollicitude et ses soins doivent se porter encore sur les nombreux miracles opérés par l'intercession du vénéré P. Cayron, dont il devait constater le souvenir et rédiger les procès. La dispersion des Jésuites en France ne lui permit malheureusement pas de pouvoir mener ces procès à bonne fin.

Surcroît de travail, sans doute, mais qui ne semble pas avoir interrompu notablement les œuvres apostoliques du serviteur de Dieu. Nous le retrouvons à cette époque (1754) toujours désigné à la Maison Professe pour entendre les nombreuses confessions de l'Église ; ayant certainement recueilli sa bonne part de l'héritage spirituel laissé par l'éminent confesseur dont il écrit la vie. Il doit, en outre, consacrer d'office une partie de ses heures à l'examen des ouvrages que de nombreux confrères veulent aussi livrer à l'impression, et porter sur ces œuvres des jugements motivés.

Les sermons qui nous restent en très grand nombre témoignent aussi qu'il répondait à des invitations fréquentes, et qu'il prêchait dans les diverses églises des stations quadragésimales et des discours d'apparat.

Pouvait-il négliger encore l'œuvre des grandes missions données dans les paroisses? Le 30 avril 1758 s'ouvrait une de ces missions générales dans l'église, aujourd'hui détruite, de Saint-Michel. Le chroniqueur Barthez nous la signale en ces termes : « A Saint-Michel fut ouverte une mission par les Pères Jésuites, parmi lesquels le R. P. Sérane,

homme connu par son zèle et ses vertus. L'affluence du peuple aux conférences du matin, faites
en langue vulgaire pour les gens de la campagne,
et le concours des habitants de la ville, ont rendu
cette mission fort célèbre par les conversions multipliées et la dévotion des assistants. »

L'infatigable missionnaire n'en avait pas fini cependant avec ses travaux apostoliques. Ses missions,
ses stations, ses prédications achevées, il était heureux de pouvoir donner encore des *Retraites du mois*,
ou des *Retraites de huit jours* aux hommes de la
ville, qui se réunissaient pour les suivre dans des maisons disposées à cet effet. A la fin de 1760, le P. Sérane donnait une de ces retraites aux messieurs de
Toulouse. Dans sa correspondance avec sa famille,
que son cœur de religieux n'oublia jamais, il en
parle lui-même à son neveu Bonaventure. Sa lettre
lui dévoile toute sa sollicitude pour les âmes ; en
particulier pour la sienne, qu'il voudrait faire avancer dans la voie de la perfection. Il l'affectionnait
spécialement et l'avait invité à venir étudier sa vocation dans le recueillement ; mais son père n'ayant
pas voulu y consentir, il lui en exprime ses regrets
en ces termes :

« Toulouse, ce 3ᵉ de l'an 1761.

« Mon cher neveu, *P. C.*,

« Je viens de donner la retraite à nos messieurs.
Pendant tout le temps qu'elle a duré, j'ai pensé plus

d'un fois à vous. Quelle consolation pour moi, si je vous avais vu confondu parmi eux, et m'édifier de votre recueillement comme j'étais édifié du leur ! Le bon DIEU ne le veut pas. Les obstacles qu'il y met sont d'une nature à me faire craindre que vous ne les leviez de longtemps. Votre cher père ne peut pas vous perdre de vue, et je comprends qu'il ne vous accordera jamais le consentement qu'il vous a refusé. Que le bon DIEU en soit béni ! Le parti qu'il vous propose, de faire une retraite dans une maison religieuse, est bien bon ; mais il ne contre-balance pas le conseil que je vous donne de la faire ici.

« Pour un homme qui n'est pas dans l'usage de l'oraison, c'est tout autre chose de faire une retraite et d'y assister. Dans le premier cas, on est bien embarrassé de sa personne, et bien souvent on est dévoré d'ennui ; dans le second, le Père de la retraite vous donne les morceaux tout (préparés) et par là bien faciles à digérer ; vous fixe par ses entretiens et les réflexions qu'il vous fait faire, vous suivant presque nécessairement chez vous, vous occupant presque tout le temps que vous n'accordez pas au sommeil.

« ..... Je vous souhaite la plus sainte et la plus heureuse des années ; c'est pour vous sanctifier que le Seigneur vous l'accorde ; entrez dans ses vues, et sanctifiez-vous.

« Mes souhaits les plus ardents et les plus sincères à monsieur votre père, à votre chère mère, et à la chère religieuse.

« Je suis en l'union de vos prières, mon cher neveu, votre très humble et très obéissant serviteur.

« SÉRANE, *Jés.* »

Ne pouvant diriger son neveu dans une retraite, le P. Sérane le dirigea par ses lettres jusqu'à sa mort. Bonaventure Frigola dut à cette direction sage et expérimentée d'être demeuré toujours un fervent chrétien (1). Sa famille, toujours bénie de DIEU, conserve l'héritage des vertus du Jésuite.

(1) Les lettres du P. Sérane à son neveu Bonaventure sont encore conservées en partie par M. Jacques Vassal, de Perpignan, arrière-petit-neveu du P. Sérane, par sa sœur. Il a bien voulu mettre les autographes à notre disposition.

CHAPITRE V

Arrêts des Parlements.

Pendant que le saint missionnaire, avec tous ses frères de Toulouse et de France, exerçaient leur charité apostolique, glorifiant Dieu et sauvant les âmes, l'ennemi de tout bien, acharné depuis son origine contre la Compagnie de Jésus, tramait ses projets ténébreux, combinait ses calomnies, redoublait ses attaques, multipliait ses coups pour la détruire. « La politique forgeait la foudre, dit le panégyriste du P. Sérane, qui devait anéantir les Jésuites. On vit alors des hommes aimant les fils d'Ignace, leurs anciens élèves et formés par eux, obligés de se prêter aux exigences d'une secte dont ils ignoraient sans doute les infernales combinaisons. »

Les souverains catholiques ne sachant pas reconnaître ces intrigues, ou n'osant pas leur résister, sacrifièrent la Compagnie de Jésus. Le trop faible Louis XV ne craignit pas de la livrer en France à l'arbitraire des Parlements. Plusieurs, assouvissant de vieilles rancunes, oublièrent qu'ils faisaient l'œuvre de l'hérésie , du jansénisme et de la révolution. Malgré des minorités courageuses, ils portèrent des arrêts contre les maisons des Jésuites de leur ressort.

Le Parlement de Toulouse eut le malheur de participer, dans le sien, à l'injustice des autres Cours. Deux voix de majorité, — quarante et une contre trente-neuf, — déterminèrent l'arrêt du 5 juin 1762, intimant aux Jésuites l'ordre de se dissoudre et même de s'expatrier ! (1).

A l'exemple du divin Maître, le P. Sérane, plus qu'aucun autre, pouvait répondre au Parlement de Toulouse : « Je n'ai fait que du bien en cette ville ; pour quel acte de dévouement me frappez-vous aujourd'hui ? » Ni son cœur ne connut ce sentiment, ni ses lèvres ne prononcèrent cette parole. Les Pères prévoyaient depuis longtemps le coup qui les menaçait. Le P. Sérane avait même écrit des *Réponses* aux Mémoires calomnieux répandus à profusion contre son Ordre. Mais la Compagnie, comme le divin Maître, préféra se laisser conduire en silence jusqu'au sommet du Calvaire.

Rempli de ces sentiments, l'ouvrier apostolique n'avait laissé se ralentir aucune de ses œuvres ; la

______

(1) En 1762, le Parlement de Toulouse étant assemblé pour faire l'arrêt concernant l'Institut des Jésuites, un des conseillers, qui sans doute n'était pas trop bon catholique, dit que tous les membres qui se confessaient à des Jésuites devaient être déclarés suspects.

Un de ceux-ci répliqua qu'il était encore plus juste de déclarer suspects ceux qui ne se confessaient point du tout. Cette réponse fut cause qu'on n'en suspecta aucun. *(Note de B^{re}-Frigola Sérane.)*

décision du Parlement ne les arrêta pas. Le 5 du mois de juin, après les travaux d'une pénible journée, le P. Sérane rentrait à la Maison Professe ; il trouva tous ses frères frappés de douleur : « Nous sommes exilés, lui disent-ils, l'arrêt de proscription vient d'être porté contre nous ! » — Quelle blessure ! quel déchirement pour son cœur ! Toutefois, il reprend lui-même courage, et résigné au bon plaisir de Dieu : « Mes Pères, s'écrie-t-il, ne nous laissons pas abattre ! ne voyons ici que la volonté du divin Maître ! Si nos travaux sont encore utiles à sa gloire, il saura bien nous employer, dans quelque état que nous ayons à vivre. » Et dès le lendemain, jusqu'au délai fixé pour l'exécution de l'arrêt, l'apôtre retourne à ses œuvres, courant d'abord à l'hôpital, au milieu des malades et des mourants, imiter la patience de Jésus-Christ, et remercier le ciel de ce calice d'amertume que Dieu lui réservait dans son amour.

La dispersion.

Quelques semaines après, le père des pauvres, le soutien des malheureux, le directeur aimé des âmes, le savant écrivain, avait à s'éloigner de Toulouse ! mais son cœur l'y retint aussi longtemps que ce séjour ne lui fut pas impossible. Les arrêts du Parlement « condamnent les Supérieurs des Maisons de la Société de Jésus à remettre un état des biens fonds qu'ils possèdent dans le ressort, et du nombre des soi-disant Jésuites ; font défense auxdits prêtres et autres de la dite Société de continuer aucune leçon publique ou particulière ; font aussi défense à tous les sujets du roi de fréquenter les écoles, séminaires et noviciat de la dite Société ;... ordonnent que les biens des Jésuites seront saisis et mis sous la main du roi, etc... » Le 9 du mois de juin, ce dernier point était exécuté dans les quatre maisons des Jésuites de Toulouse : la Maison Professe, le Collège, le Noviciat et le Séminaire des clercs.

Le cœur brisé, mais soumis à Dieu, les Pères durent donc abandonner leurs demeures, fermer ces églises où tant d'âmes avaient trouvé le salut, dire adieu à ces collèges florissants où des milliers d'élèves avaient reçu les principes de la vertu chrétienne et du savoir !

« Nous avons vu, avec une profonde douleur, dit Barthez, la proscription des Pères Jésuites et leur expulsion de leur ancien domicile, et de nouveaux professeurs établis à leur place ! Époque mémorable et digne d'être transmise à la postérité. Leurs maisons et leurs biens ont passé à des mains étrangères ! Nous avons vu la dissolution de leur Noviciat et la cessation des œuvres établies par eux ! Eux-mêmes dispersés de côté et d'autre ! Tout cela fera dans le siècle où nous sommes un événement dont on parlera toujours dans les temps à venir » (1).

---

(1) *Heures perdues.* — Rentrée des classes 1762 : — Le chroniqueur donne ici les honoraires fixés pour les professeurs qui remplaçaient les Jésuites. Ils s'élevaient à 6,000 livres.

Les Jésuites ainsi dispersés se voyaient appelés par les évêques et les populations ; léur zèle ne demeura pas inactif. Le P. Sérane, toujours directeur des âmes, se fit missionnaire, répandant autour de Toulouse la parole de Jésus-Christ. D'autre part, une réaction visible se produisait dans tout le royaume. L'archevêque de Paris, Christophe de Beaumont, fit une magnifique apologie des Jésuites ; l'épiscopat français fut presque unanime à plaider la cause des proscrits, à faire valoir les services rendus par eux ; Clément XIII élevait la voix pour les justifier et les défendre ; Louis XV lui-même semblait revenir sur les arrêts des Parlements. Aussi le P. Sérane, plein d'espoir, rassurait et remerciait sa famille, qui justement inquiète lui offrait un asile à Perpignan ; il adresse sa lettre à Bonaventure Frigola.

« Toulouse, ce 25 septembre 1762.

« Mon cher neveu, *P. C.*

« En recevant votre lettre, j'ai cru que vous alliez m'apprendre votre mariage ; mais je vois qu'il est encore différé, sans doute pour de bonnes raisons. Qu'il me tarde que ces bonnes raisons finissent, pour que j'aie la consolation de voir cette affaire conclue. Je vous remercie et vous et monsieur votre père, des aimables offres que vous me renouvelez ; j'espère de n'être pas dans le cas d'en avoir besoin, mes espérances se fortifiant tous les jours.

« Vous savez sans doute que le roi a ordonné
notre conservation en Alsace. A la requête de
M. d'Aiguilles, président du Parlement d'Aix, tout
est suspendu dans ce Parlement, et le roi lui demande les motifs de son jugement contre nous.
Tout encore est suspendu au Parlement de Metz par
ordre de Sa Majesté. M. d'Aiguilles et M. de Mont-
calm, son parent, députés vers la cour pour la partie du Parlement d'Aix qui nous est favorable, ont
reçu l'accueil le plus gracieux. M. d'Aubers, premier président du Parlement de Douay, qui nous a
conservés dans son ressort, n'en a pas reçu un moins
favorable ; et quand il a pris congé du roi, celui-ci
lui a dit en présence de toute la cour, où se trouvaient en particulier M. le premier président du
Parlement de Rouen et M. le procureur général de
celui de Paris : « Monsieur le Président, je suis con-
« tent de vous, et je vous prie de témoigner à votre
« Compagnie combien je suis content d'elle... »

« M. Bastard, fils du doyen du Parlement de Toulouse, vient d'être nommé premier président, par le
vœu de toute la famille royale. Il paraît sûr que l'on
a voulu récompenser en lui son mérite personnel,
celui de M. son père, et le zèle que celui-ci a fait
éclater pour notre cause... Cette nomination fait ici
plaisir à bien des gens, et de la peine à bien d'autres. Elle ne ranime pas peu nos espérances. Le roi
a dit qu'il avait été trompé pour notre affaire par
M. Berrier. Il paraît que Mgr le Dauphin épouse nos
intérêts comme les siens propres. Le P. Berthier a

été mis en possession de la place de sous-précepteur des enfants de France et de bibliothécaire du roi : il a fait en cette double qualité son remerciement à Sa Majesté. Toutes ces choses réunies nous font croire que le soleil commence à se lever pour nous après l'orage! » (1).

Ces hésitations du roi, les espérances que donnait le Dauphin, les témoignages de l'épiscopat, les regrets universels, suspendirent encore la détermination du P. Sérane. Quelques mois après, ayant appris enfin le mariage de son neveu Bonaventure avec Mˡˡᵉ Marie-Anne Reynier, il écrivait encore de Toulouse :

« Je suis heureux d'apprendre que vous voilà au comble de vos vœux. Que le bon Dieu veuille bien répandre ses bénédictions sur un mariage que je crois être plus son ouvrage que celui des hommes !... Je vous prie de bien faire mes saluts à ma nouvelle nièce ; vous pouvez l'assurer de mon attachement sincère ; elle m'est bien chère dès qu'elle vous appartient... »

En même temps que l'oncle vénéré exprimait ainsi ses compliments avec délicatesse, l'apôtre moraliste envoyait d'admirables conseils, dont l'autographe se conserve encore, sur les devoirs d'un époux chrétien. Ces conseils constituent huit recommandations distinctes, dont la dernière est ainsi conçue :

(1) Lettre autographe du P. Sérane à son neveu, conservée par par M. Jacques Vassal.

« 8° Enfin, n'oubliez jamais que vous êtes le chef de la famille que vous formez depuis votre mariage, et comptable par conséquent devant Dieu de la conduite de ceux qui vous sont soumis. Vous devez donc y veiller, non avec ces soins inquiets qui rendent le joug insupportable, mais avec une attention sage, une vigilance circonspecte, qui dissimule les fautes légères, et arrête efficacement les considérables, ou celles qui peuvent le devenir.

« Voilà les conseils que ma tendresse pour vous m'inspire. Dieu veuille leur donner de l'efficace pour le bien de votre famille et la tranquillité de vos jours. Bien des embarras m'ont empêché de vous répondre plus tôt.

« Je suis, avec la plus sincère affection, etc. »

D'où venaient les embarras dont parle le P. Sérane, sinon de la persécution des Parlements de France, de celui de Toulouse en particulier ? L'intérêt qu'on témoignait aux victimes ne les rendit que plus acharnés contre elles. Ils rendirent arrêts sur arrêts, restreignant toujours le peu de liberté qui leur restait encore. Le 1ᵉʳ février 1763, le Parlement de Toulouse supprimait un Bref de Clément XIII en faveur de la Compagnie de Jésus, et condamnait tous ceux qui voulaient la justifier ou la défendre.

« Un arrêt du Parlement de Paris (22 février), dit le P. Émile Régnault, enjoignait à tous les religieux de la Compagnie de prêter un nouveau serment, par lequel ils renonçaient à leur Institut, et tien-

draient pour impies « toutes les doctrines contenues
« dans le livre des *Assertions,* » même celles que
les jansénistes, rédacteurs de ce pamphlet, avaient
mille raisons pour une de présenter comme erro-
nées. On les savait hommes d'honneur autant que
de foi, et, sauf la misérable exception d'une infime
minorité, on ne doutait pas que tous ne fussent prêts
à souscrire aux émouvantes paroles du P. Beauvais,
ce digne religieux que Christophe de Beaumont
avait fait nommer confesseur de la vénérable Louise
de France :

« J'ai passé trente-cinq ans à former des citoyens
et je cesse de l'être. Il me faut, à soixante-dix ans,
chercher une retraite et finir dans un pays étranger
une vie dont quarante-deux ans ont été consacrés
au service de la patrie. Dans l'alternative rigou-
reuse d'un exil ou d'un serment que je crois ne
pouvoir faire, je ne balance pas et je pars, victime
de la fidélité que je dois aux saints engagements
que j'ai contractés ; plein de respect pour la main
qui frappe, soumis à celle qui permet, je n'implore
que celle qui soutient ! »

« Le 9 mars, en effet, tandis que le Parlement condamnait au feu l'adhésion de l'Évêque d'Amiens à
la lettre de l'Archevêque de Paris, ordre est intimé
aux Jésuites insermentés de passer les frontières du
royaume, sans le moindre égard pour l'âge, les vertus, les infirmités ou les services » (1).

(1) *Christophe de Beaumont,* t. II, p. 95.

2.

L'année 1763 ne devait pas d'ailleurs s'achever sans ouvrir une nouvelle blessure au cœur aimant du bon religieux ; il est à présumer qu'à cette époque il dut se rendre à Perpignan pour la dernière maladie de sa mère. Elle s'était montrée généreuse en donnant son fils au Seigneur ; Dieu le lui rendait à l'heure suprême pour consoler ses derniers jours, et l'assister peut-être à sa mort. Son cœur avait été brisé par les persécutions dirigées contre son fils ; depuis les premiers arrêts de 1762, l'âge et les épreuves du cœur avaient altéré sa santé. Le 26 novembre de cette année, déjà fixée sur son lit de douleur, elle rédigeait un testament, où l'on voit ses sollicitudes pour le sort réservé peut-être à son fils : « Pour tous les droits de légitime maternelle que le P. Jean Sérane, jésuite, mon fils, pourrait avoir sur mes biens, je lui lègue une pension viagère de vingt-cinq livres pendant sa vie ; et si le dit mon fils est obligé de quitter la dite Société des Jésuites, je lui lègue alors la dite pension viagère de cent cinquante livres, à lui payables tous les ans, etc. »

La pieuse mère du religieux avait reçu cinq fois le Viatique, du 12 janvier au 27 décembre 1763 ; le lendemain 28, elle rendait le dernier soupir, il nous est permis de le croire, entre les mains sacerdotales de son fils bien-aimé. Touchantes circonstances que Dieu ménage souvent aux âmes généreuses, pour mêler amoureusement ses consolations à ses croix !

Le serviteur de DIEU se trouvait maintenant plus libre pour soutenir avec ses frères les coups de la persécution.

On sait que les sectes ennemies avaient mis tout en œuvre pour aliéner aux Jésuites les membres de tous les Parlements. Celui de Toulouse n'y sut pas résister, ni sortir encore de la voie malheureuse où il s'était engagé. Quelques paroles de l'*Éloge historique*, écrit par Bellouguet à la mort du P. Sérane, feraient croire que les Jésuites de Toulouse l'avaient chargé de défendre leur cause auprès des magistrats ; qu'il en reçut un accueil honorable, parce qu'il était universellement aimé ; mais que ses démarches et ses écrits ne purent les faire revenir sur leurs premières résolutions. Nous ne trouvons aucun document certain qui puisse confirmer cette intervention ultérieure du P. Sérane. Les arrêts successifs et toujours plus rigoureux, portés contre les « ci-devant soi-disant Jésuites, » nous montrent évidemment qu'avec les intentions les meilleures, les Parlements jansénistes se faisaient les instruments des sectes maçonniques.

Sur les réquisitions du procureur général, le Parlement de Toulouse, par son arrêt du 9 avril 1764, condamne lui aussi la lettre de Beaumont et celle de Montillet, archevêque d'Auch, à être brûlées par l'exécuteur de la haute justice ; et ordonne de nouveau à tous les membres de « la ci-devant Société soi-disant de JÉSUS, » tant ceux qui étaient sortis des maisons du ressort que ceux qui y seraient venus d'ailleurs, de prêter en personne, dans la huitaine, le serment porté par l'arrêt du 26 février 1763. Faute de ce faire, ils étaient tenus de sortir du royaume dans le mois, à peine d'être poursuivis extraordinairement et selon l'exigence des cas. »

On remarqua, toutefois, que le nom du doyen du Parlement de Toulouse, Dominique Bastard, ne figure pas dans cet arrêt à titre de rapporteur (1).

Tous les Jésuites de Toulouse acceptèrent l'exil. Le P. Sérane, s'arrachant avec douleur à la cité qu'il aimait, se mit en route pour retrouver sa famille religieuse, sous la protection du Souverain Pontife dans le comtat Venaissin ou le territoire d'Avignon. Au mois de mai 1764, il arriva dans la cité pontificale, où sa grande réputation le fit recevoir avec bonheur. Deux prélats, qui connaissaient le P. Sérane, se trouvaient en ce moment chez les Pères d'Avignon. Ils les félicitèrent vivement de recevoir un tel Père au milieu d'eux ; et sur le témoignage d'autres prélats de France, ils en parlèrent toujours comme d'un saint.

« On ne sait pas assez, dit encore le R. P. Régnault, la manière dont les Jésuites se vengeaient devant Dieu des persécutions dont ils étaient si arbitrairement victimes.

« Le P. Picot de Clorivière, bien jeune alors, destiné de Dieu à gouverner en France, cinquante ans plus tard, la Compagnie de Jésus, restaurée par

____

(1) *Christophe de Beaumont*, t. II, p, 99.

Pie VII, écrivait de Liège à cette époque au P. Guill.
Forest :

« Il s'est fait parmi nos Frères dispersés, des
« plus fervents, un complot de *vengeance évangéli-*
« *que*, par lequel on s'est engagé à redoubler les
« prières pour tous ceux qui ont contribué à la ruine
« de notre Compagnie en France.... C'est par les
« saints Cœurs de Jésus et de Marie que ce qu'on
« fait à cette intention doit s'offrir. L'on doit aussi
« particulièrement présenter à Dieu la gloire que
« lui a procuré l'Immaculée-Conception. Les prê-
« tres font chaque jour à la messe un ample
« *memento* de leurs ennemis ; ils offrent même de
« temps en temps la messe pour eux. »

Les adversaires de la Compagnie peuvent bien,
dans l'occasion, jouer la comédie de la peur ; ils
savent qu'ils n'ont point à redouter de la part de
leurs victimes d'autre vengeance que celle-là » (1).

Mais avant de quitter Toulouse, les Pères Jésuites
avaient voulu sauver un trésor précieux. Dans le
sanctuaire de leur Noviciat se conservaient avec
honneur les restes du vénéré P. Cayron, mort en
odeur de sainteté depuis neuf ans, et déjà célèbre
par ses miracles. Pouvaient-ils abandonner ces restes ? et qu'allaient-ils devenir ? Il était donc sage et
prudent de transférer ces ossements vénérés dans
un lieu plus convenable et plus sûr. L'église des
Religieuses de Notre-Dame, voisine du Noviciat,

(1) *Christophe de Beaumont*, idem.

s'offrait tout naturellement à ce transfert. Elle fut acceptée avec reconnaissance. Le corps du vénéré P. Cayron, avec la permission des supérieurs ecclésiastiques, fut transféré, le 29 mars 1763, dans le vestibule de ce pieux sanctuaire. Après cela, les frères du P. Cayron, en attendant des jours meilleurs, purent gagner leur exil (1).

(1) La Maison de Notre-Dame est devenue depuis la Révolution l'hospice militaire de Toulouse. On vient d'y retrouver, durant une neuvaine en l'honneur du P. Cayron, le 22 janvier 1884, au-dessous d'un escalier moderne, la pierre tombale du serviteur de Dieu, dont on avait perdu la trace depuis un siècle.

Un mois plus tard, les 21 et 22 février, sur la demande écrite de M. l'abbé Alberny, aumônier de l'hospice militaire, délégué de Mgr le cardinal Desprez, archevêque de Toulouse, des recherches plus immédiates ont mis à découvert les restes eux-mêmes du P. Pierre-Jean Cayron.

Suivant l'indication de la pierre tombale, il reposait là, depuis le 29 mars 1763, au fond d'un assez vaste caveau construit sous une partie retirée du vestibule de l'ancienne chapelle de Notre-Dame, renfermé dans une double bière de plomb et de châtaignier, celle-ci désagrégée par le temps, celle-là corrodée par l'humidité même du corps.

CHAPITRE VI

LE PÈRE SÉRANE EN EXIL

Pèlerinage à Saint-Régis. — Le Missionnaire malade.

Il semble qu'à partir de cette épreuve, qui privait le P. Sérane de la vie commune des religieux, Dieu ait voulu, en isolant son apôtre, récompenser son sacrifice, faire ressortir son éminente vertu, et même le glorifier par des miracles.

Toujours altéré du salut des âmes, l'imitateur du P. Cayron avait toute sa vie désiré les missions étrangères. Une lettre d'un de ses frères de Pékin renouvela tous ses désirs. Ne peut-il pas obtenir, en temps de dispersion, ce qu'il n'avait pas obtenu aux jours de ses travaux apostoliques de Toulouse ? De concert avec les PP. de Ventavon, Baron et l'Amiral, il adresse donc sa demande au T. R. P. Ricci.

En même temps, voulant tous les quatre intéresser le ciel, et mériter une réponse favorable, ils se concertent pour un pèlerinage à Saint-François-Régis. Nos pèlerins s'y rendirent à pied, revêtus désormais de la soutane ecclésiastique, mais sous les livrées de la pauvreté religieuse, toujours chère à leur cœur. Que se passa-t-il à ce tombeau vénéré ? quels furent les colloques intimes du disciple du P. Cayron ? quelle fut sa prière à saint Régis ? quelle révélation lui fut faite ? Nous pouvons le conclure des paroles prophétiques qu'à leur retour dans la cité des Papes le P. Sérane adressait à ses compagnons de voyage, qu'il y avait devancés : « Mes enfants, leur dit-il, les uns sont choisis et les autres laissés : vous partirez tous trois pour la Chine ; mais Sérane, comme indigne, ne vous y suivra pas ! » Quelques jours après venait de Rome la réponse du Père Général ; elle justifiait en tous ses points la prophétie du serviteur de Dieu.

Il ne lui restait donc plus, vétéran de l'apostolat, qu'à donner carrière à son zèle, dans les limites aujourd'hui restreintes de son exil !

Le Parlement d'Aix s'était montré moins sévère que celui de Toulouse. D'autre part, le Roussillon ne ressortissait à cette époque d'aucun Parlement de France, mais d'un tribunal supérieur, définitive-ment constitué en 1760. Enfant de cette province, le P. Sérane pouvait donc se rendre à Perpignan et travailler au bien des âmes dans un diocèse si cher à son cœur. Encore tout embrasé de la ferveur de son pèlerinage, à l'exemple de saint François Régis, il se mit à parcourir les villes et les villages, prê-chant le saint Évangile et les Exercices de saint Ignace avec la vigueur et le dévouement d'un apô-tre ; il avait à peine cinquante-deux ans.

A cet âge cependant, la langue des campagnes du Roussillon ne lui était plus familière. Il fallut donc se remettre à l'étude, et retrouver les souvenirs de l'enfance ; mais aucun travail ne l'arrêta jamais. Ses instructions furent suivies partout ; partout aussi elles ramenaient à Dieu grand nombre d'âmes, lorsqu'une nouvelle épreuve vint le frapper. Ses forces, qu'il ne ménageait pas, ne secondèrent pas son ardeur ; une maladie grave obligea le saint missionnaire à retourner à Perpignan. (Août 1764.) La maladie fut longue, et malgré les soins dévoués de tous les siens, elle mit sa vie en péril. Sa famille désespérée pleurait déjà sa perte ; mais, contre tout espoir, Dieu lui rendit inopinément une santé si bien utilisée pour sa gloire. Il accordait même à son Apôtre vingt ans encore pour le servir.

Villelongue. — Miracle du blé, prophéties.

Guéri comme par miracle, le P. Sérane voulut encore se retirer à Villelongue (1), durant les jours de sa convalescence. Ni l'écrivain, ni le missionnaire, ni le saint n'y demeurèrent inactifs ; et le thaumaturge s'y révéla.

Un jour, de sa maison de Villelongue, le P. Sérane se rendait à l'église paroissiale pour y sanctifier le jour du Seigneur. Il rencontre sur son chemin un

______

(1) Villelongue est une propriété que possèdent encore les petits-neveux du P. Sérane.

fermier de sa connaissance qui s'empressait de vanner son blé et de le recueillir sur son aire : « Que faites-vous là, mon fils, lui dit le P. Sérane. Pourquoi vanner ainsi votre blé le dimanche ? — Oh ! mon Père, reprend le paysan avec naïveté, ce n'est pas pour commettre un péché ! Mais voyez ces gros nuages qui nous arrivent de la montagne ! Si mon blé n'est pas vanné et ramassé à temps, il va être perdu ! — Ce n'est pas bien, mon ami, il vaut mieux confier votre blé au bon Dieu, il en est le maître et le conservera. Rendez-vous à l'église, je vous assure qu'il ne pleuvra pas sur votre blé. » Se confiant à la promesse du Père, avec la foi chrétienne des habitants de ces campagnes, le fidèle paysan abandonne son travail et s'achemine vers l'église, où il prend place au chœur, tandis que le serviteur de Dieu va prier dans le sanctuaire. Comme l'avait prévu le travailleur, durant l'office il plut à torrents ; mais, comme l'avait assuré le Père, il ne plut pas du tout sur *son blé !* Au sortir de l'église, on y court avec anxiété ; tout était inondé par l'orage, mais le blé était demeuré parfaitement sec ; et l'on distinguait fort bien un sillon formé par le courant qui séparait cet endroit du reste du champ couvert d'eau ! Toute la population vint voir cette merveille et n'eut aucune peine à constater le prodige. Tous rendirent hommage à la « volonté » du saint homme, tant on était persuadé de son pouvoir auprès de Dieu. « Il n'a qu'à vouloir, s'écriait-on, et le ciel fait tout ce qu'il veut ! » On remarqua depuis cette époque qu'en ces contrées

il était peu de cantons aussi fertiles que Villelongue,
et dont les récoltes fussent plus assurées tous les
ans.

Ce miracle se raconte encore dans toute la contrée, où les anciens l'attestaient comme l'ayant vu
de leurs yeux. « On regrette, disent les notes d'une
ancienne religieuse, nièce du P. Sérane, de n'avoir
pas alors dressé des procès authentiques, ils eussent
été revêtus de nombreuses signatures. » D'autres
traits rapportés hautement n'ont jamais été niés; au
contraire, on a pris plaisir à se les redire souvent,
et des vieillards respectables, qui avaient surpris
la vertu du Père, en racontent des faits surprenants.

Citons cette parole prophétique, conservée par un
témoin digne de foi, chez qui les antiques croyances
étaient demeurées dans tout leur éclat. Le digne
M. Puigarry assurait qu'à l'époque de la naissance
de Jean Sérane, neveu direct du saint religieux,
celui-ci prit l'enfant dans ses bras et dit à sa mère :
« Ma belle-sœur, vous vous réjouissez de la naissance de ce fils unique ; il sera bon, mais il vous
donnera bien du chagrin ! » Qui soufflait au P. Sérane ces mots prophétiques si véritablement réalisés ? Qui lui disait que ce premier enfant serait
l'enfant unique « et qu'il serait victime de la Révolution » (1) ? — D'autres racontent aussi à Perpignan
que ce neveu malade, ayant été recommandé à ses
prières, il aurait dit clairement : « Mieux vaudrait

(1) Notes manuscrites.

pour lui mourir de cette mort que de celle qui l'attend un jour » (1) ! (*Lettre de M. Jacques Vassal, petit neveu du P. Sérane.*)

Il publie la vie du R. P. Cayron.

Cependant le P. Sérane sentait ses forces rétablies. Il comprit bien que Dieu les lui rendait pour être employées plus généreusement à sa gloire. Villelongue ne pouvait suffire à son zèle ; ses désirs l'eussent emporté jusqu'au delà des mers pour annoncer Jésus-Christ aux infidèles, et leur ouvrir le ciel ! Puisque la volonté des Supérieurs ne le permettait pas, il pouvait du moins reprendre les travaux et les mérites de la vie commune. Malgré les sollicitations de la famille, il retourna donc auprès des Pères d'Avignon, où de nombreux confrères s'étaient aussi réfugiés.

De 1764 à 1766, tout en acceptant des ministères

---

(1) Le neveu du P. Sérane mourut à Paris, sur l'échafaud. Lorsque Mme Sérane eut vu s'éloigner son fils en 93, elle en offrit intérieurement le sacrifice à Dieu. Son cœur avait été percé aux paroles du Père ; elles allaient donc se réaliser ! Femme vraiment chrétienne, elle puisa sa force et sa résignation dans l'exemple de Marie elle-même. Aussi, quelque temps après, lorsqu'elle vit venir MM. Puigarry et Diego que la famille envoyait pour la préparer à la terrible nouvelle, cette mère admirable les prévint : « Messieurs, leur dit-elle, vous venez m'annoncer la perte de mon fils ! » Alors, se prosternant devant un tableau de saint Jean-Baptiste, elle y demeura quelque temps absorbée dans sa douleur. Puis, se relevant avec une dignité chrétienne : « Messieurs, vous n'avez pas à me répondre ; mon sacrifice est fait ; je vous remercie. Priez pour nous deux. »

dans les paroisses du Roussillon et du comtat Venaissin, l'écrivain avait utilisé le calme relatif que lui laissait la cité des Papes, pour mettre la dernière main à son travail de douze années : *La Vie du R. P. Cayron*. Mais avant de la livrer au public, il désirait la placer sous le patronage de Mgr Joseph-Félix-Henri de Fumel, évêque de Lodève, ancien élève du P. Cayron, qui lui fut attaché toute sa vie. Le P. Sérane sollicita du saint prélat la faveur d'accepter la dédicace de son pieux travail (1). — L'évêque de Lodève accueillit favorablement sa demande, et lui répondit la lettre suivante, dont l'autographe nous a été conservé par le pieux auteur :

« *A Monsieur l'abbé Sérane, curé-chanoine de Boulènes, à Saint-Louis, à Avignon.*

« Montpellier, le 6 décembre 1766.

« J'étais à Saint-Paul-Trois-Châteaux, mon Révérend Père, lorsque vous m'avez écrit votre lettre que j'ai trouvée ici, lundi dernier, à mon arrivée. J'appris à Saint-Paul votre translation à Bollène, dont

---

(1) Né à Toulouse en 1717, Henri de Fumel fit ses études théologiques à Saint-Sulpice, et fut sacré évêque de Lodève, le 25 mai 1750, et mourut le 26 janvier 1790, au milieu des ruines de l'Église de France. Il fut pendant trente ans le père et le consolateur de son peuple ; sa charité était inépuisable. Le spectacle de ses vertus ramena à la religion catholique un grand nombre de calvinistes. Il n'a eu d'autre oraison funèbre que les sanglots des pauvres et les larmes de ses diocésains. On a encore de lui deux *Instructions pastorales* où il s'élève particulièrement contre les incrédules ; ainsi que le *Culte de l'amour divin* ou *Dévotion au sacré Cœur de Jésus*, ouvrage écrit en 1774.

M. l'Évêque se félicite, par le bien que vous ferez infailliblement dans ce pays-là.

« Mon respect, ma vénération pour le saint Père Cayron, ne me permettent pas de me refuser à la dédicace que vous m'offrez de sa Vie. Je me souviendrai toujours que quelques heures avant sa mort, il chargea le P. Noillac (de Nolhac), recteur du Noviciat, de me dire que si le bon Dieu le recevait dans sa gloire, il s'y souviendrait de moi. C'est un gage de son amitié qui m'est bien cher. J'ai encore quelques-unes de ses lettres, entre autres une réponse qu'il me faisait pour un conseil que je lui demandais, où paraît sa grande humilité.

« Je crois que vous ferez bien de ne pas divulguer cet ouvrage, au moins qu'il part de la main d'un Jésuite, avant qu'il n'ait paru. Il me paraît même inutile d'y mettre votre nom, dans la crainte que cela seul ne le fit supprimer.

« Je vous crois trop sage aussi pour avoir inséré dans l'ouvrage rien qui pût choquer les puissances et les tribunaux séculiers ; ce qui retomberait sur moi, parce que l'on supposerait avec raison que j'avais vu l'ouvrage avant d'en accepter la dédicace, et que j'approuverais ces sorties-là, qui, après tout, ne feraient qu'aigrir vos maux, loin de les adoucir.

« Je suis, avec un attachement bien sincère, mon Très Révérend Père, votre très humble et très obéissant serviteur,

« † J. FEL. HENRI, *évêque de Lodève.* »

Ce fut donc à la fin de 1766, au moment où le P. Sérane était nommé curé-chanoine de Bollène, qu'il put livrer à l'imprimeur son œuvre de douze années. Il faut croire que Mgr l'Évêque de Lodève revint sur les prudentes restrictions qu'il conseillait à l'auteur, au sujet de sa qualité de Jésuite ; puisque le courageux écrivain ne craignit pas de déclarer son nom, et même son état religieux, mille fois plus cher que la vie.

L'ouvrage parut au commencement de l'année suivante (1767) (1).

« Je ne m'étendrai pas ici, dit le panégyriste Bellouguet, sur le mérite d'une œuvre qui se trouve entre les mains de tous. On sait l'apprécier à Toulouse, où les lettres et la piété fleurissent également. Le P. Sérane devait plus que tout autre céder à la vénération que le P. Cayron inspirait à tous. La Providence semblait les avoir réunis pour mettre devant les yeux de l'un le plus parfait modèle, et pour donner à l'autre un héritier de ses vertus. Aussi voit-on dans cet ouvrage une âme sensible qui développe la sensibilité d'une autre ; un cœur, guidé par la grâce divine, célébrant les effets qu'elle a opérés dans un autre cœur. » C'était paraphraser la parole de saint Thomas, disant de saint Bonaventure qui rédigeait la vie de saint François : « Laissons un saint écrire la vie d'un saint. »

(1) *Vie du R. P. P.-J. Cayron, de la Compagnie de Jésus*, par le R. P. Jean Sérane, de la même Compagnie. — A Avignon, chez Niel, oncle, imprimeur-libraire, M.DCC.LXVII. In-12, de 342 pages.

« Nul n'était plus digne, ajoute M. le Curé actuel de Suze, de tracer le portrait du vénéré P. Cayron que celui qui, après avoir été longtemps son disciple, faisait revivre ses vertus. » — « C'est un hommage de ma reconnaissance, écrit lui-même le P. Sérane, un juste tribut de ma vénération. Deux fois je l'ai eu pour maître dans la science des saints ; et les neuf dernières années de sa vie, que j'ai vécu sous le même toit, apercevant de plus près ses vertus, j'ai pu m'en former une plus juste idée. » — « Un style simple, une narration aisée, un parfait enchaînement dans les faits, une critique judicieuse dans le récit des miracles, un parfum d'amour de Dieu s'exhalant de chaque page, tout dans ce livre attire et captive la pieuse curiosité du lecteur » (1).

La *Vie du R. P. Cayron* fut répandue dans le midi de la France à de nombreux exemplaires. Feller la signale dans son article sur le P. Cayron : « Le P. Sérane a écrit sa vie, qui est un modèle de perfection. »

(1) *Notice sur le serviteur de* Dieu *Jean Sérane*, par M. l'abbé Toupin, ch. iii, Le Proscrit.

CHAPITRE VII

Bollène.

A cette époque, Mgr Pierre-François-Xavier de Reboul de Lambert, originaire d'Aix en Provence, gouvernait, depuis 1744, le diocèse de Saint-Paul-Trois-Châteaux ; il en devait être le dernier évêque, et mourir en 1790, laissant ses pouvoirs à M. l'abbé Tavernier, curé de Bollène. Dans les épreuves que la Compagnie subissait en France, il fut un des évêques qui daignèrent lui témoigner le plus de dévouement. Il le montra surtout dans l'assemblée des évêques. Aussi le T. R. P. Laurent Ricci, général des Jésuites, lui écrivait-il de Rome à la date du 27 novembre 1765, une lettre de reconnaissance, que le P. Sérane nous a conservée, copiée de sa main sur l'original :

« Monseigneur,

« Au milieu des adversités dont le Seigneur permet que notre Compagnie soit affligée, rien n'est

plus consolant pour elle que les marques de bienveillance et de protection que lui donnent, de concert avec le Souverain Pontife, tant de grands évêques, et singulièrement le clergé de France ; ce
clergé si distingué par sa sagesse, sa science, son
zèle pour le maintien de la foi et des bonnes
mœurs.

« Les témoignages que cet illustre clergé, dans
ses diverses assemblées, a daigné rendre à notre
Compagnie, lui sont trop glorieux pour qu'elle
puisse jamais les oublier. Puissent renaître des
jours plus sereins, où il soit permis à cette Compagnie de se dévouer avec une nouvelle ardeur au
service de ces dignes prélats, et d'exercer sous leurs
ordres les saintes fonctions auxquelles ils voudront
l'employer. Elle s'est toujours fait, elle se fera toujours un devoir de les honorer et de leur obéir
comme à ses maîtres et à ses premiers pasteurs.
Elle vient d'éprouver qu'ils étaient encore ses
Pères.

« Ce que la dernière assemblée a fait en sa faveur
exige de moi un témoignage particulier de reconnaissance. Comme vous avez bien voulu, Monseigneur, être le canal par où cette auguste assemblée
a fait passer ses libéralités, oserai-je vous prier de
lui faire parvenir mes très humbles actions de grâces ? Je ne doute pas, Monseigneur, que Votre Grandeur, par ses puissantes recommandations, n'ait
contribué beaucoup à cette bonne œuvre, et je sais
tout ce que vous avez fait pour les Jésuites qui se

sont trouvés à portée de recourir à vos bontés.
Agréez, Monseigneur, que je saisisse cette occasion
de vous en faire mes remerciements, et de vous
assurer du respect très profond, etc. »

Mgr de Lambert daigna transmettre ces remerciements du Père Général à l'assemblée des évéques;
il le fit connaître dans une lettre pleine de bonté
au R. P. Ricci, dont celui-ci le remercie encore en
date du 3 septembre 1766.

C'était précisément l'année où Mgr l'Évêque de
Saint-Paul allait confier au P. Sérane la cure de
Bollène. Telle était d'ailleurs l'activité de son zèle
pour le salut des âmes, qu'après avoir livré ses manuscrits à l'imprimeur, le missionnaire avait repris
avec plus d'ardeur que jamais les œuvres du saint
ministère. Les offres de Mgr Reboul lui permettaient
donc, sous les auspices du généreux prélat, de
travailler dans son diocèse selon l'étendue de ses
désirs.

Le religieux pasteur des âmes reçut bientôt ses lettres patentes datées du 4 novembre 1766. Mgr Fran-
çois-Marie, comte de Manzi, alors représentant du
Souverain Pontife Clément XIII, comme archevêque
métropolitain d'Avignon, considérant que les profés
de la Compagnie de Jésus ont dû revêtir le costume
ecclésiastique séculier, et sont autorisés par le Saint-
Père à remplir des charges pastorales; jugeant
d'ailleurs le R. P. Sérane digne à tous égards de
cette fonction, lui attribue, en vertu des présentes,
« la sacristie » de Saint-Martin de Bollène, au dio-

cèse de Saint-Paul-Trois-Châteaux (*Diœc. Tricas-triensis*), avec la charge d'âmes qui lui incombe ; ainsi que les rentes (cinquante ducats), titres, facultés et honneurs attachés à la dite sacristie (1).

Le Jésuite apôtre prit aussitôt possession de sa cure, et en vertu de la dispense formelle accordée par le Souverain Pontife au R. P. Ricci, accepta la dignité de chanoine, mais il n'en prenait jamais le titre. Le premier acte signé de lui dans les registres de la paroisse Saint-Martin de Bollène, avec la qualification de « sacristain-curé, » porte la date du 27 décembre 1766 (2).

Œuvres et sollicitudes.

Le zèle et la charité du nouveau pasteur se dé-

(1) Ces lettres patentes, écrites sur un large parchemin, avec toutes clauses et formules de la chancellerie papale, sont en la possession de M. Lazerme, arrière-neveu du R. P. Sérane.

(2) Ce qui se rapporte au séjour et au ministère du P. Sérane, dans le diocèse de Saint-Paul-Trois-Châteaux, nous est en bonne partie communiqué par M. l'abbé Toupin, curé-archiprêtre de Suze-la-Rousse et savant archiviste. Sa bienveillance nous autorise à puiser dans son intéressante brochure : *Notice sur le P. Sérane*, publiée en ce moment par articles, à l'occasion du centenaire, dans le *Bulletin* archéologique des provinces ecclésiastiques d'Aix et d'Avignon. Ces articles vont être réunis en brochure, à la gloire du serviteur de Dieu, pour l'époque de son centenaire.

Successeur du P. Sérane à Suze, nul n'était plus à même de connaître les années édifiantes du saint pasteur ; nul ne pouvait mettre un style plus éloquent et plus pieux au service d'une érudition plus éclairée et plus solide. Nous osons lui en offrir ici notre vive reconnaissance. — M. l'abbé Toupin est aussi l'auteur d'un intéressant pèlerinage aux Saints-Lieux.

ployèrent à Bollène avec une ardeur, une vertu divine, dont on garde encore le souvenir en cette importante et religieuse paroisse. Ses sujets d'instruction, dont il nous reste quelques manuscrits, probablement prêchés à cette époque, nous montrent combien l'élévation de la pensée s'unissait dans le prédicateur à la pratique de la vie chrétienne. En arrivant auprès des ouailles qui lui étaient confiées, le missionnaire dut trouver quelque chose à désirer pour la fréquentation des offices ; car le dimanche dans l'Octave de l'Épiphanie, prenant texte des paroles de saint Luc : *Remansit puer* JÉSUS *in Jerusalem,* le saint pasteur invite chaleureusement ses fidèles à se rendre assidûment à leur église de paroisse, d'où leur viennent, « avec la parole sainte, tous les dons et toutes les grâces du ciel. »

Aussi bien les sollicitudes pastorales ne pouvaient diminuer, dans le cœur du Jésuite, celles que lui inspirait sa famille religieuse. Ses frères espagnols, dont quelques-uns s'étaient rendus dans le Roussillon, ou que lui-même avait pu récemment visiter en Espagne, étaient en ce moment l'objet de la plus affreuse persécution. Des lettres du P. Canclaux lui arrivaient fréquemment à Bollène, dépeignant les rigueurs inouïes qu'on appliquait aux PP. Jésuites expulsés d'Espagne, tenus sous le secret le plus arbitraire, enfermés dans les cachots, ou mourant épuisés par le manque de toute ressource. Le cœur si compatissant du P. Sérane saignait à la lecture de lettres comme celles-ci, que nous choisissons entre plusieurs, et que nous transcrivons d'après l'original :

« *A Monsieur Sérane, curé de Bollène,*
au Pont-Saint-Esprit, etc.

« Mon Révérend Père, *P. C.*,

« On a enfin déterminé le sort des pauvres Jésuites espagnols, que nous avions ici ; ils ont eu ordre de retourner en Italie. Il était même enjoint à M. de Mailly de les faire conduire par la maréchaussée jusqu'aux limites du royaume ; mais il leur a laissé ignorer la rigueur d'un traitement si sévère, et s'est contenté d'exiger d'eux parole d'honneur qu'ils ne s'arrêteraient nulle part dans le royaume. Ils partirent d'ici mercredi dernier, tous six dans une charette couverte qui doit les conduire jusqu'à Nice. M. de Mailly a payé toute la dépense qu'ils ont faite ici, et leur a donné de plus dix louis ; mais cette libéralité et tous les autres petits secours qu'on a pu leur procurer ne sont rien moins que suffisants pour une route aussi considérable !... L'état de ces pauvres Pères fait compassion. Ils sont absolument sans ressource. Tout recours à leurs parents leur est fermé ; il ne leur est pas possible de leur faire savoir ni où ils sont, ni leur état. On prétend que toutes les lettres sont ouvertes à la frontière, et celles où il est question de Jésuites, jetées au feu. Il est sûr qu'une lettre d'Espagne venue ici a été reçue décachetée. Le roi d'Espagne vient de porter un édit dans lequel il déclare que tous les Jésuites non prêtres qui rentreront en Espagne seront punis de mort, et les prêtres condamnés à une prison perpétuelle ; même rigueur sera exercée à l'égard de toute personne qui pourrait être consente ou leur prêter la main !... »

La lettre est encore longue ; nous ne pouvons la citer tout entière. Cet extrait fait assez comprendre combien le religieux curé de Bollène devait être navré de douleur, et compatir à des frères si malheureux.

A ces anxiétés du cœur s'ajoutait encore la sollicitude des siens, qu'au moment de la mort de sa mère il avait laissés à Perpignan dans les peines de la séparation. Le P. Sérane aima toujours à correspondre avec ses chers neveux, Jean Sérane et Bonaventure Frigola. Il est touchant de voir comme son cœur envoie de tendres effusions aux membres de sa famille, surtout à ces chers petits anges, les fils de ses neveux. Le sacrifice que les religieux offrent à DIEU demeure toujours sacrifice ; il n'éteint pas les sentiments de la nature ; il les perfectionne, au contraire, en les rendant surnaturels, et les enrichit d'un trésor de mérites qu'ils n'eussent jamais acquis.

La paroisse du P. Sérane était loin d'en souffrir ; DIEU la bénissait visiblement. Son zèle infatigable, son ardente parole, son union à DIEU eurent bientôt transformé ce cher troupeau, si heureux de voir à sa tête celui que la renommée leur avait donné comme un saint, et dont Bollène à son tour proclamait encore la sainteté. Le vaillant ouvrier lui prodiguait depuis bientôt deux ans le dévouement, l'abnégation, l'oubli de lui-même, la charité sans bornes qui caractérisait son apostolat. Le bien qu'il produisit à Bollène fut aussi solide que rapide ; toute la ville était gagnée à DIEU. Et lui, missionnaire apostolique avant tout, ambitieux de sanctifier de nouvelles âmes, demandait une autre terre à féconder de ses sueurs.

Les ennemis des Jésuites ne désarmaient pas non plus. Aussi, Bonaventure Frigola, désireux de posséder son saint oncle et de lui voir réaliser auprès des siens le bien qu'il venait de produire à Bollène, l'informait que le conseil de Perpignan faisait, en sa faveur, exception à l'arrêt de bannissement qu'il avait, comme les autres cours du royaume, porté contre les Jésuites. La famille du P. Sérane conserve encore l'autographe de sa réponse, toute pleine des sentiments du religieux et de l'apôtre :

« *A Monsieur Frigola fils, place de la Barre, à Perpignan.*

« Mon cher neveu,

P. C.,

« Votre lettre est pressante, mais elle ne m'ébranle pas. Un bon soldat ne quitte pas son poste le jour de la bataille. J'attendrai de pied ferme la fin du combat, et quand les troupes seront dispersées, je ferai encore, s'il le faut, l'arrière-garde. De quelque façon que l'on prononce ici, si votre conseil ne fait

Mon cher neveu

p. c.

Votre lettre est pressante; mais ne m'ébranlez pas; un bon soldat
ne quitte pas son poste le jour de bataille; j'attendrai de pied
ferme la fin du combat, et quand les troupes seront dispersées, j'aurai
encore, s'il le faut l'arrière garde, de quelque façon que l'on prononce ici, si votre conseil ne fait pas d'autre démarche; je serai toujours également à temps de profiter du bénéfice de son arrêt et je me
rendrai à perpignan, non pour y fixer mon séjour, mais pour y attendre quelque nouvelle occasion d'exercer le ministère. car a cet égard mon
parti est pris; je veux travailler; et si je ne le fais pas, ce ne sera que
parceque je ne le pourrai pas. il m'en a coûté de me séparer de ma
famille; et je vous avoue que c'a été un sacrifice pour moi; mais
aujourdhuy qu'il est fait, je ne le rétracterai plus; et il ne tiendra pas
à moi que je ne vive et ne meure dans l'esprit de mon état.

mes tendres salut a votre cher père, chère mère, chère épouse,
et chère sœur; je suis en l'union de vos prières. v. t. h. et t. ob. serviteur
ce 27e juin 1768   Lavane pbre

pas d'autre démarche, je serai toujours également
à temps de profiter du bénéfice de son arrêt, et je
me rendrai à Perpignan, non pour y fixer mon
séjour, mais pour y attendre quelque nouvelle occasion d'exercer le ministère. Car à cet égard mon
parti est pris : je veux travailler ; et si je ne le fais
pas, ce ne sera que parce que je ne le pourrai pas.
Il m'en a coûté de me séparer de ma famille ; et je
vous avoue que ç'a été un sacrifice pour moi : mais
aujourd'hui qu'il est fait, je ne le rétracterai plus ;
et il ne tiendra pas à moi que je ne vive et ne meure
dans l'esprit de mon état. Ce n'est pas que je ne sois
touché du désordre de certaines affaires ; mais que
ferais-je quand je serais à Perpignan ? Ce que j'y ai
déjà fait. Ces affaires sont, à ce que m'a toujours
dit mon frère, d'une nature à pouvoir être épluchées
et traitées par lui. Je serai un mois, deux mois, trois
mois auprès de lui, que le temps lui manquera pour
les dis(cuter). Ce temps passé, il faudra me retirer
sans avoir rien avancé.

« J'en use pour cette affaire comme pour celles
de notre Société ; je prends patience.

« Les commissaires du Parlement d'Aix se sont
retirés sans avoir statué sur le sort des Jésuites. On
a mis seulement les biens de leurs maisons en
sequestre, et ils sont pensionnés à Carpentras, à
raison de 25 s. par jour ; et à Avignon, les non prêtres à ce prix, et les autres à 30 s. On compte qu'il
ne sera question d'eux qu'après le retour du premier
président qui doit aller à la Cour faire le rapport de

ce qui s'est passé ici pour la prise de possession. Suivant la nature de leur prononcé, je prendrai le parti d'aller ou de ne pas aller vous joindre.

« Mes tendres saluts à votre cher père, chère mère, chère épouse et chère sœur. Je suis en l'union de vos prières, votre très humble et très obéissant serviteur.

« Ce 27 juin 1768. »

En effet, quelques jours avant cette lettre, le 7 juin, pour se venger de Clément XIII qui, par sa bulle *Apostolicum,* approuvait de nouveau l'Institut des Jésuites, et repoussait les injures et les déclarations des parlements, « comme outrageant l'Église de DIEU, » le duc de Choiseul venait d'envoyer à Avignon le premier président et neuf commissaires du Parlement d'Aix, protégés par deux régiments, « prendre possession » du comtat Venaissin, où le Souverain Pontife conservait les Jésuites, se faisait leur vengeur et leur créait une nouvelle existence.

La lettre du P. Sérane est évidemment remplie des préoccupations où ces événements jetaient le religieux curé de Bollène. L'œuvre du missionnaire y était achevée. Il était peut-être prudent de le retirer de ce poste, qui retombait sous la domination française. Au mois de juillet 1768, Mgr de Lambert lui offrit de reproduire à Suze-la-Rousse les œuvres de salut opérées à Bollène. Le passage d'une ville à l'autre était facile; la position le mettait moins en évidence. Le P. Sérane fut heureux d'accepter la

charge de « prêtre secondaire » dans cette catholique paroisse.

Suze-la-Rousse.

« A deux lieues au levant de Bollène, écrit
M. l'abbé Toupin, sur la déclivité d'un monticule
planté d'yeuses et couronné par un antique château
fort, s'étage le bourg de Suze-la-Rousse, alors soumis aux comtes de ce nom, les seigneurs de la Baume,
à qui l'Église devait de vaillants défenseurs et de
grands évêques. Suze, où s'était réfugié le clergé de
Saint-Paul durant les guerres des hérétiques, eut
sans doute bien des morts à pleurer, bien des
ruines à relever; mais il avait conservé sa foi
intacte » (1).

Telle était la nouvelle paroisse où l'ancien curé de
Bollène allait exercer son dévouement. Le digne
M. Pierre Armand en était le pasteur depuis 1757;
et durant deux années il avait pu admirer à l'œuvre
l'auxiliaire que Dieu lui donnait. Au comble de la
joie, il l'accueillit à bras ouverts, désireux de favo-
riser de tout son pouvoir les saintes entreprises de
son cœur. De son côté, le P. Sérane mettait à la disposition de son archiprêtre, avec une expérience
consommée du ministère évangélique, un zèle et
une ardeur qui ne s'éteignaient pas. Le vénérable

____

(1) *Le P. Jean Sérane*, notice par M. l'abbé Toupin, curé de Suze-
la-Rousse.

vicaire de Suze comptait alors cinquante-six ans.

Suze n'était point dépourvue d'autres prêtres. Son digne pasteur possédait, comme vicaire, M. l'abbé Girard, bien propre à le seconder. Mais le P. Sérane arrivait dans cette paroisse avec la seule ambition de travailler au salut d'un plus grand nombre d'âmes. Simple missionnaire, il désirait conserver l'allure de sa vie apostolique, et ne se fixer, pour ainsi dire, nulle part; mais selon la maxime de saint Ignace, son père, « ne toucher le poste que d'un pied, l'autre pied levé pour se mettre en route. »

Aussi ne résidait-il pas dans l'élégant presbytère, édifié pour les curés de Suze par Louis-Amédée de la Baume, mais dans une maison voisine, de chétif aspect (1). La modicité de ses revenus ne lui permettait de satisfaire sa charité qu'en s'imposant les plus dures privations. Chez lui ne se trouvaient ni meubles, ni linge, ni provisions d'aucune sorte. Son cœur charitable se dépouillait de tout en faveur des pauvres de la paroisse.

La bonne domestique du P. Sérane se plaignait souvent de ce qu'il n'y avait jamais rien dans la maison parce que son maître donnait tout aux pau-

(1) La maison de Suze qu'habitait le P. Sérane, nous écrivait M. l'Archiprêtre (8 mai 1883), existe encore. Je l'ai visitée plusieurs fois. En 1768, elle appartenait à Daniel Blanc. Transmise par héritages successifs à sa fille, à sa nièce et à son neveu, mort il y a cinq ans, elle est aujourd'hui la propriété de M. Favarel. On y conserve une copie faite à la main d'une lithographie représentant le serviteur de Dieu.

vres : « Que mangerez-vous aujourd'hui, lui disait-
elle, maintenant que vous avez donné votre dîner !
— Ne vous inquiétez pas, répondait le P. Sérane, il
y a du pain ; et quand il y a du pain dans la maison,
on ne meurt pas de faim ! Il y avait peut-être longtemps que ce pauvre n'avait pas mangé de potage ! »

Une chose est manifeste ; partout où nous trouvons le serviteur de DIEU, dans les différents ministères qu'il occupa depuis la dispersion des Jésuites
de France, nous constatons les souvenirs les plus
vivants de sa charité envers les malheureux et de
son abnégation héroïque.

« Voici, dit M. l'Archiprêtre de Suze, un trait qui
ne prouve pas moins jusqu'où le P. Sérane portait
sa charité et l'oubli de soi-même. Un jour d'hiver
très rigoureux, allant visiter un malade à la campagne, il rencontra un jeune homme de Suze, nommé
Dominique Mazur, légèrement vêtu et transi de
froid : « Mon ami, lui dit-il, je crains bien que vous
« ne vous mettiez au lit en arrivant chez vous ; pre-
« nez mon manteau pour continuer votre route. » Le
pauvre Mazur accepta ; et même ayant traversé le
pays sous ce costume, on lui donna le surnom de
l'Abbé ; surnom qui lui demeura jusqu'à sa mort, le
25 avril 1823, à l'âge de 73 ans. Ses petits-neveux
vivent à Suze, et l'on y parle encore de l'abbé
Mazur.

« L'humilité du saint vicaire, raconte M. le Curé
actuel de Suze, égalait sa grande charité. Une jeune
fille, qu'on ne désigne que par le nom de Marie,

passait pour être vertueuse ; elle n'était en réalité qu'une hypocrite. Depuis assez longtemps elle entretenait des relations peu convenables avec un domestique du château. Le P. Sérane, qui n'ignorait rien de sa conduite, crut devoir lui adresser une paternelle remontrance. Furieuse d'apprendre que ses relations n'étaient pas un mystère, elle donne un soufflet à son charitable conseiller : « Et maintenant, lui dit-il avec calme, frappez sur l'autre joue ; mais ayez pitié de votre âme ! » Aussitôt la jeune fille tombe à genoux, et fondant en larmes, elle demande pardon au Père de l'avoir si gravement outragé. Cette âme était sauvée ! »

Son large cœur embrassait dans sa charité tous les membres souffrants de JÉSUS-CHRIST ; il aurait voulu soulager tous les malheureux. Aussi déploya-t-il une ardeur extraordinaire pour leur assurer des secours durables dans la paroisse qu'il desservait. Les archives de la mairie de Suze attestent que l'hôpital aujourd'hui fondé dans cette commune dut cette fondation à l'activité du P. Sérane.

DIEU seul a connu le nombre et l'héroïcité des actes de dévouement accomplis durant les quatre années qu'il évangélisa cette paroisse. Sa mémoire, après plus d'un siècle, y demeure en vénération. Son image se conserve dans les familles, comme on la conserve à Toulouse, et dans toutes les villes qu'il édifia, toujours avec ce glorieux témoignage : *Mort en odeur de sainteté.*

Une circonstance prouve combien les habitants de

Suze comptaient sur la canonisation de leur saint
vicaire : c'est la crainte qu'un culte *public* ne nuisît
à sa cause. Pour cela, évitant *d'exposer* son image,
ils la conservent attachée aux parois intérieures de
leurs ameublements, pour pouvoir ainsi la vénérer
sans l'offrir aux regards de tous.

A la date de 1826, on aimait encore à reproduire
ces humbles lithographies; et l'instituteur de Suze-
la-Rousse à cette époque, le digne M. Bret, exerçait ses jeunes élèves à copier les traits du saint
Jésuite.

Trop de bien s'opérait sans doute à Suze, au gré
de l'implacable ennemi des âmes, qui dirigea contre
le serviteur de Dieu ses plus infernales machina-
tions. L'apôtre y travaillait depuis près de quatre
ans, lorsque, malgré sa conduite édifiante et ses
admirables vertus, une méchante femme animée par
l'enfer, osa bien calomnier sa vie! La paroisse indi-
gnée se souleva tout entière, et supplia le saint
prêtre de ne tenir aucun compte de l'odieuse accu-
sation. Le P. Sérane, que la calomnie n'atteignait
pas, aurait certainement acquiescé à leur désir.
Mais durant ces quatre années, passées à Suze en
faisant le bien, les ennemis de l'Église ne s'étaient
pas reposés; l'on était au mois de mars 1772 !

Intrigues et départ.

Les intrigues concertées par les puissances de

l'Europe contre la Compagnie de Jésus navraient le cœur du religieux exilé. Depuis la dispersion des Jésuites français, à Suze comme à Bollène, il suivait avec une anxiété facile à comprendre les attaques, les persécutions, les tortures même que soutenaient ses frères d'Espagne, de Portugal et d'Italie. Des correspondances suivies le mettaient au courant de tous les malheurs qui tombaient à coups redoublés sur la Compagnie de Jésus sa mère. Il en recueillait les témoignages, soit par un sentiment de piété filiale, soit pour nous en transmettre le souvenir authentique.

Dès 1769, il avait pu voir passer tout près de Suze les ambassadeurs des ministres de Louis XV, allant négocier auprès du nouveau Pontife Clément XIV l'abolition définitive de la Compagnie de Jésus. Il pressentait donc, sans pouvoir y croire, le coup terrible qui devait le frapper au cœur. Ne devait-il pas se trouver au milieu de ses frères, pour succomber avec eux? Il quitta donc sa chère paroisse de Suze, après avoir célébré la messe à une heure matinale, se dirigeant seul et à pied dans la direction de Bollène, son bréviaire sous le bras, son humble valise à la main.

Quelques heures après, la nouvelle se répandait dans la ville que « le P. Sérane était parti ; » et les habitants s'écriaient consternés : « Nous avions un saint pour vicaire, et nous l'avons perdu ! »

Dieu voulut, en quelque sorte, confirmer cette voix du peuple, et faire briller aux yeux de tous

l'innocence de son fidèle serviteur. Il avait héroï-
quement acccepté l'humiliation dont l'avait abreuvé
la calomnie, le Seigneur exalta sa vertu par un miracle éclatant.

Miracle du pont de Bollène.

Sur le pont de Bollène, qu'il traversait pour se
rendre à Pont-Saint-Esprit, le P. Sérane rencontre
un malheureux qui lui demande la charité. Le Père
n'avait rien avec lui que son humble valise de
voyage : « Mon ami, lui dit-il, je ne puis rien vous
donner ; et pourtant je vois que vous souffrez beaucoup ! — Oui, beaucoup, » répond le mendiant,
découvrant les ulcères qui rongeaient ses jambes.
Le saint homme prend aussitôt son mouchoir, le
partage, et bande les plaies de l'infirme. Ces ban-
deaux opèrent ce qu'avait opéré le mouchoir de
saint Paul ; à leur contact les plaies se cicatrisent ;
et le pauvre parfaitement guéri, plein de reconnaissance, va publier partout le miracle dont il vient
d'être l'objet.

« Ce miracle du pont de Bollène, ajoute M. l'abbé
Toupin, curé actuel de Suze-la-Rousse, m'a été plusieurs fois raconté, toujours avec les mêmes circonstances, par Mlle Louise Veyrenc, née à Suze en
1816, personne digne de foi. Elle le tient de sa tante
Ursule Faugier qui avait connu le P. Sérane, morte
à Suze en 1840, âgée de 83 ans, laissant une répu-

tation encore vivante de foi et de piété. Il m'a été aussi raconté par une personne âgée de 91 ans, dont la mère était supérieure de la Congrégation pendant le séjour du P. Sérane à Suze. »

Autres miracles.

Un prodige analogue nous est transmis d'ailleurs par une petite nièce du P. Sérane, de Perpignan. « Tandis qu'il courait de mission en mission, écrit-elle dans ses notes, semant sur ses pas toute sorte de bonnes œuvres, de leçons, d'exemples et d'aumônes abondantes, le P. Sérane se trouvait un jour sur la route de Sijean (où il avait coutume de s'arrêter chez la famille Anglès). Un pauvre malade se présente à lui, montrant une plaie à la jambe, et lui demande quelques secours : « Mon ami, lui dit le Père avec émotion, je n'ai plus d'argent ; mais voici mon mouchoir pour bander votre plaie, et que Dieu vous guérisse ! » En même temps, il se met aux genoux du pauvre, baise sa plaie, et la bande lui-même ; puis, reprenant sa route, il continue à réciter son bréviaire.

Cependant le pauvre malade ne sentait plus ni gêne ni douleur ; il marchait tellement à l'aise, que, tout surpris de lui-même, il veut revoir sa plaie ; elle avait disparu ! Alors, tout hors de lui, il court et atteint le Père, l'embrasse transporté de joie, et l'accompagne jusqu'à Sijean. Toute la ville connaissait l'infirmité du pauvre et la vertu du Père ; elle fut ravie d'admiration et ne cessait de s'écrier : « Le Père Sérane est un saint ! »

Ce fait nous était encore raconté, le 22 avril 1882, par le R. P. Toussaint Guzzy, ouvrier apostolique de la Compagnie de Jésus, mort tout récemment à Toulouse : lui aussi exilé de sa maison religieuse, aumônier de la prison militaire, il l'avait entendu plusieurs fois raconter à Perpignan. Ce prodige est-il différent de celui du pont de Bollène ? La variété des circonstances nous le ferait penser. Dans tous les cas, cette affirmation du miracle, en divers lieux et par différentes personnes, nous est une preuve convaincante de son authenticité.

Alors aussi, sans doute, sa famille le revit à Perpignan, et durant quelques mois la campagne de Villelongue retrouva son ancien apôtre et son bienfaiteur, surtout le saint et le martyr de sa fidélité religieuse. Il avait, du reste, des consolations à porter à son cher neveu Bonaventure Frigola, auquel, avant de quitter Suze, il avait écrit en date du 16 mars 1772, sur la mort d'un enfant de cinq ans, la pieuse lettre que nous transcrivons :

« Le coup dont vous venez d'être frappé a dû vous être bien sensible ! il en coûte à un père de se voir privé d'un fils qui promettait, et sur lequel il fondait ses plus douces espérances ; mais aussi il est bien doux pour l'enfant d'être tout à coup délivré des dangers de la vie et de se voir sans combat en possession de la plus belle couronne. Sous ce rapport, sa perte n'a rien que de consolant ; et c'est celui sous lequel on doit l'envisager ; ses larmes seront bientôt taries. Je vous prie de témoigner à votre chère épouse et à votre cher père la part que j'ai prise à ce triste événement. Qu'il plaise au Seigneur de les consoler par la réflexion que je vous communique et qui me console moi-même ! »

CHAPITRE VIII

Rentrée à Toulouse.

Dieu, comme on le sait, mêle toujours l'épreuve à la consolation ; il tempère l'une par l'autre. Pendant qu'il glorifiait ainsi le P. Sérane par le don des miracles, il lui ménageait, ainsi qu'à tous les enfants de saint Ignace, la plus rude croix qu'un Ordre religieux puisse avoir à porter : sa suppression entière, signée de la main du Pape ! Clément XIV, obsédé par diverses puissances, dans l'espérance de la paix, crut devoir leur sacrifier les Jésuites. Le Bref portait la date du 21 juillet 1773, et fut bientôt promulgué par tous les princes catholiques. Fidèles jusque dans la mort à leur vœu d'obéissance au Souverain Pontife, les Jésuites furent les premiers à mettre le Bref à exécution.

Le cœur brisé de douleur, comme l'enfant qui n'a plus de mère, le P. Sérane offrit à Dieu le plus grand sacrifice de sa vie : le titre si cher à son cœur de religieux de la Compagnie de Jésus. Du moins une consolation lui resta.

Les Jésuites étant supprimés, tous les arrêts des Parlements de France n'avaient plus d'objet, et les portes de la patrie se rouvraient devant les nouveaux prêtres séculiers. A ce titre, « l'abbé Sérane » reporta sa pensée vers Toulouse, d'où son Cœur n'était jamais sorti. Cette ville offrait à son zèle toutes ses œuvres apostoliques d'autrefois, et des travaux d'une sphère plus étendue. Bien volontiers il abandonne ses titres de pasteur et de chanoine de Saint-Paul, pour se rendre au milieu de ses pauvres de Toulouse, et reprendre auprès d'eux toutes ses œuvres de dévouement.

« Je cesse d'écrire d'après le témoignage de mes concitoyens, dit ici son panégyriste Bellouguet ; j'ai vu moi-même le retour de l'abbé Sérane. Je me souviens avec quelle joie, avec quels transports on le vit rentrer dans une ville où son absence avait autrefois causé tant de regrets ! »

L'abbé Sérane ne fit d'abord que passer à Toulouse, appelé dans les diocèses d'Auch et de Pamiers pour y prêcher des retraites et des missions. Il y rentra certainement au mois de mars 1774. Missionnaire apostolique, il s'établit provisoirement chez Mme Doujat, qui lui offrait l'hospitalité dans la rue *Bourbonne,* où son neveu lui écrivait, en date du 9 mars de cette même année, et soumettait à son expérience de casuiste quelques doutes sur les bénéfices que peut faire un négociant. Dans cette pieuse famille, il fut toujours traité comme un père, environné des plus tendres soins (1).

Œuvres apostoliques.

Toutes les anciennes relations du P. Sérane à la maison Professe se renouèrent rapidement autour de son nouveau domicile. « Les pauvres, dit Bellouguet, retrouvaient leur bienfaiteur, les orphelins un père, la veuve un consolateur et un appui. Sa modestie cherchait à dérober ses bienfaits ; mais la ville entière les proclamait. Le vieillard entretenu par ses secours, le jeune homme aidé dans ses études, la jeune fille préservée dans son innocence, ou ramenée dans le chemin de la vertu, des familles rendues à la paix et à l'union ; tous exaltaient et bénissaient le dévouement de leur Père Sérane. Au saint tribunal de la pénitence qu'il avait établi dans l'église de Nazareth, dont il fut nommé conserviste, on l'assiégeait tout le jour, souvent une grande partie de la nuit. Là, des brebis égarées furent ramenées au bercail, des hérétiques et des juifs convertis. Le caractère de vertu, dont son front portait l'em-

(1) « Alors comme aujourd'hui, écrit le R. P. Jules Anglade dans son intéressante esquisse sur le P. Sérane, les persécutés apprenaient à connaître les trésors de dévouement, de générosité, d'exquise délicatesse que renferment certaines âmes d'élite. » (*Messager du Cœur de Jésus*, avril 1884.)

preinte, attirait la confiance de certains pécheurs
invétérés, qui trouvaient dans le P. Sérane « le
ministre compatissant d'un Sauveur miséricor-
dieux. » Ces cœurs, environnés jusque-là d'un tri-
ple airain, s'ouvrent et se dévoilent, abjurent leurs
erreurs et les effacent par une sincère pénitence. »

« — Comme ses travaux avaient commencé à Toulouse, dit l'*Abrégé de sa vie*, la Providence l'y
ramène ; apôtre infatigable, il y finira ses jours les
armes à la main ! » Il s'y consacrera tout entier aux
bonnes œuvres. Depuis l'abolition des Jésuites et
son rappel en France, que de fois on le vit se
dépouiller de son manteau, comme il l'avait fait à
Suze, en faveur des malheureux, et faire, pour obtenir le bien, les plus généreux sacrifices.

D'autre part, l'ancien Jésuite, consolateur de toutes les infortunes, pouvait-il oublier ses amis les
prisonniers ! Sa plus chère occupation était de les
visiter souvent, de les consoler en toute manière,
de verser dans leur sein tous les secours spirituels
et temporels. Durant les sombres nuits qui pouvaient cacher son dévouement, les veilleurs purent
voir l'humble Père porter lui-même des matelas à
ces malheureux, et tempérer, par l'affection qu'il
leur témoignait, les rigueurs de leur état. Déposi-
taire comme autrefois, et arbitre des aumônes de la
plupart des riches, il savait, par la sagesse des
motifs et les entraînements de son cœur, exciter
dans Toulouse le désir de faire du bien, et signaler
la plus utile occasion.

En même temps, le missionnaire apostolique y reprenait ses prédications, ses missions et ses retraites. Ses prédications avaient lieu surtout à Saint-Géraud et à Nazareth. On s'y rendait de toutes parts. L'amour de Dieu, Notre-Seigneur, embrasait sa parole; donnait à son éloquence naturelle et sans apprêt la persuasion qui saisit, l'onction qui fait couler les larmes, les traits de feu qui pénètrent le cœur et le ressuscitent à la grâce. « Son visage en était surtout animé, dit Bellouguet, lorsqu'il offrait à ses auditeurs le bonheur des élus, et qu'il leur en faisait, pour ainsi dire, savourer la douceur par avance. Ses traits, que la perspective d'une éternité malheureuse avait obscurcis, se déployaient alors et semblaient rayonner de la gloire des anges. »

Son ardeur apostolique ne s'embrasait pas moins durant les missions données dans les paroisses. Le P. Sérane aimait à s'y consacrer, depuis son retour à Toulouse ; il y retrouvait l'œuvre de sa chère Compagnie de Jésus et de saint Ignace, son père.

Attaques de l'ennemi.

Nous éprouvons quelque satisfaction à citer ici le témoignage peu suspect des adversaires les plus acharnés de la Compagnie de Jésus. Une publication du temps, toute pénétrée du venin janséniste, les *Nouvelles ecclésiastiques*, ne semble avoir été créée que pour le répandre sur les Jésuites. Après, comme avant leur suppression, les Jésuites étaient l'ennemi. Les *Nouvelles* ne manquèrent donc pas de distiller la haine contre le P. Sérane.

« On leur écrivait de *Toulouse*, le 9 mai 1774 :

« Il s'est passé ici des événements assez singuliers qui valent la peine d'être connus.... On ne se serait pas attendu à voir les Jésuites reparaître dans cette ville avec éclat, dans le moment de leur destruction totale, c'est-à-dire de leur plus grande humiliation. Les PP. Sérane et Latour sont venus à Toulouse après avoir donné à Auch des retraites et des missions. On s'imagine aisément avec quel empressement et quels transports de joie ils avaient été accueillis dans cette dernière ville par l'archevêque, *Mgr de Montillet*. On connaît le parfait dévouement de ce prélat pour la société proscrite. Mais, ce qui est le plus étonnant, c'est l'accueil que ces deux ex-jésuites ont reçu à Toulouse ! Les grands-vicaires de *Mgr de Brienne* leur ont donné tous les pouvoirs de prêcher et de confesser. Le ci-devant *P. Latour* est parti, après avoir été bien fêté par tous les affiliés, auxquels il a promis de revenir. Le P. Sérane est resté et s'est établi dans l'église de Saint-Géraud, d'où les Jésuites n'ont pas désemparé depuis leur destruction par les arrêts des Parlements (1). Il monta en chaire le jour même de son arrivée ; et dès midi,

____

(1) Saint-Géraud fut un des quatre prieurés de Toulouse. Il dépendait de Saint-Gérald, en Auvergne. Cette chapelle, attenante à la place

l'église fut pleine de monde, en sorte qu'elle ne put contenir tous ceux qui auraient voulu l'entendre. On eût dit qu'un apôtre était arrivé. Il annonça qu'il serait à toute heure au service du public. Aussi confesse-t-il depuis six heures du matin jusqu'à midi, et depuis deux heures jusqu'au soir. On disait assez publiquement qu'il venait préparer les voies au rétablissement de la Société. »

Sous forme d'indignation et d'invective, on voit que l'éloge est complet. Pouvait-on faire mieux ressortir le zèle, la vertu, la sainteté du P. Sérane, et le bonheur des Toulousains en revoyant leur apôtre? L'écrit des *Nouvelles ecclésiastiques* était peu fait pour arrêter le dévouement de l'ancien Jésuite, ni le concours des fidèles autour de sa chaire et du saint tribunal !

Il se livra surtout à ses œuvres apostoliques durant l'année jubilaire de 1776.

Voulant suppléer, en quelque sorte, à l'action des Jésuites dissous, le missionnaire s'associait d'autres ouvriers évangéliques, ses anciens frères en religion ; il parcourait avec eux les diocèses voisins, où des Pontifes selon le Cœur de Dieu, effrayés des mauvais principes qui se répandaient partout, les

---

de la Pierre, se trouve aujourd'hui détruite. Les images de saint Pierre et de saint Géraud en décoraient le maître-autel. Une lampe à plusieurs becs brûlait continuellement dans cette église ; on faisait beaucoup de dons pour l'entretien. Elle avait donné lieu au proverbe populaire pour exprimer une grande dépense : « C'est l'huile de Saint-Géraud. *Acos l'oli de San-Guiraud !* » Du Mège, IV, p. 440.

appelaient pour faire entendre aux peuples les saines vérités de l'Évangile. Les sermons du P. Sérane n'étaient point alors des discours recherchés, mais des instructions vives et touchantes, où son âme se manifestait avec une simplicité ardente, qui subjuguait les plus endurcis. Dans les méditations qu'y donnait l'homme de DIEU, ajoute l'*Abrégé de sa vie,* « l'onction de sa parole pénètre jusqu'au fond des cœurs, et partout on publie que Sérane est vraiment l'homme de DIEU !

Faut-il donc s'étonner que le journal janséniste continue à déverser la haine et la calomnie sur le saint Missionnaire ! Le 6 février 1777, il jette feu et flamme contre la conduite de « l'abbé Sérane, Exjésuite, » qui, dans des vues intéressées de captation, — cela va sans dire, — se permet d'absoudre dans un moment lucide « une fille imbécile, dépourvue de tout principe de christianisme, » et de la faire participer au sacrement de l'Eucharistie !... afin de faire croire que les actes passés par cette personne étaient valables, et qu'un certain acheteur pût ainsi s'en prévaloir ! « Il n'est personne, ajoutent les *Nouvelles,* qui ne sente ce qu'un pareil complot a d'horrible et d'impie !! »

Il paraît néanmoins que les autorités ecclésiastiques de Toulouse ne le sentirent pas, puisque le journal ajoute encore dans son indignation : « Et cependant, ce ci-devant P. Sérane n'a cessé d'être employé à prêcher, confesser, donner des retraites, faire des missions à Toulouse et dans les environs !

M. l'abbé *de Malaret,* archidiacre de la Métropole et grand-vicaire de Mgr de Brienne, est si dévoué à la société éteinte, qu'il donnerait de l'emploi dans le diocèse à tous les ex-Jésuites du monde, si cela lui était possible ! »

Aux environs, dans le diocèse de Pamiers, on éprouvait les mêmes faiblesses, et l'on suivait les mêmes errements ! M. de Pamiers (1) y laissait agir et gouverner les Jésuites ; ils dirigeaient le Collège royal, chose qu'ignoraient encore le gouvernement et le Parlement de Toulouse ; parce que Pamiers est à l'extrémité du royaume et enfoncé dans les Pyrénées. » Aussi « les sieurs *Latour* et *Sérane,* toujours ex-Jésuites, ont donné à Pamiers des retraites clandestines ; les ci-devant ont tenu des assemblées où ils ont élu, dit-on, des Supérieurs !... Les laïques leurs sont vendus ; et le sieur Flouret, ex-Jésuite aussi, aurait rédigé le Mandement de l'Evêque sur le Jubilé de 1777 ! »

On peut comprendre dans quel esprit.

Église de Nazareth.

Mais à Toulouse même, on allait encore plus loin à l'égard du P. Sérane, en lui confiant l'église quasi-paroissiale de Nazareth ! En effet, le 23 mars 1776, la veille du dimanche de la Passion, le P. Sérane

---

(1) Mgr de Lévis-Léran.

était solennellement installé « consorciste » de
Notre-Dame de Nazareth, place demeurée vacante
par la démission volontaire de M. Bègue, son
dernier possesseur (1). Dans son acte d'installa-
tion, M. Campmas, notaire royal et apostolique,
s'exprime ainsi :

« Ayant fait lecture, en présence des témoins bas
nommés du titre fait audit Mᵉ Sérane, nous lui
avons présenté de l'eau bénite, l'avons pris par la
main droite, et l'avons conduit au maître-autel, où il
a fait sa prière à genoux ; de là s'est assis à la place
du banc du sanctuaire qu'il doit occuper, a chanté
au lutrin, a sonné les cloches de ladite église,
ouvert et fermé les portes d'icelle, par lesquelles
cérémonies et autres en pareil cas requises ; l'avons

(1) On lit dans un arrêt du grand Conseil du 16 juillet 1527, qu'en
nettoyant les fossés de la porte Montgaillard, on trouva une image de
la Vierge et du soleil. C'était sans doute l'auréole placée derrière la
tête de l'Enfant-Jésus, dont les rayons la firent confondre avec l'image
du soleil.

Les voisins de la porte Montgaillard s'assemblèrent pour délibérer
où l'on mettrait cette image ; alors une femme, qui habitait près de
cette porte, offrit sa maison pour y bâtir une chapelle. On lui donna
le nom de *Notre-Dame de Nazareth.*

Construite d'abord hors les murs, elle fut abattue et rétablie dans
l'intérieur de la ville durant la seconde moitié du quinzième siècle.
Catel pense que M. de Vabre avait fait bâtir cette chapelle telle que
nous la voyons aujourd'hui, car, dit-il, son tombeau est au milieu de
cet édifice.

Vendue comme bien national, cette église n'a pas été démolie, et
l'on y exerçait le culte catholique jusqu'aux décrets de 1879, auxquels
se sont trouvés soumis les RR. PP. du Calvaire. On a mis les scellés
à l'intérieur sur la grande porte de cette église, où reposent encore
aujourd'hui les restes du R. P. Sérane.

mis et installé en la réelle, actuelle et personnelle possession de ladite place, pour, par lui, en vertu dudit titre, en jouir aux honneurs, fruits, profits, rangs et émoluments en dépendant, et sous les charges de droit. Dont acte fait en ladite église, etc. »

Une année après, Mme Marie de Montesquieu d'Hautpoul, — Seigneuresse de la Tour-de-France, la Terrasse et autres lieux, — conférait encore au P. Sérane, en qualité de patronne, une des cinq places obituaires fondées dans l'église de Nazareth par dame Béatrix de la Terrasse, laissée vacante par le décès de M. Louis Martimane : « Etant instruite et informée des bonne vie, mœurs, qualités et capacités requises de M. Jean Sérane, prêtre du diocèse de Toulouse y résidant, et chapelain de ladite église de Nazareth, lui donne et confère, en qualité de patronne, une des susdites places obituaires pour en jouir, et de tous les revenus et émoluments en dépendant, à la charge par lui de faire ou faire faire le service porté par la fondation, auquel effetje consens qu'il en prenne la possession actuelle, réelle et corporelle, dans les formes ordinaires. Fait à Toulouse, le 6e jour du mois de février 1777.

« MONTESQUIEU D'HAUTPOUL. »

CHAPITRE IX

LE CHAPELAIN MISSIONNAIRE

On le voit, l'église de Nazareth devenait pour le
P. Sérane un foyer principal, d'où son zèle, toujours
embrasé du salut des âmes, pourrait encore rayonner au dehors. C'était donc le moment pour la
feuille janséniste de redoubler ses attaques et d'ac-
cumuler ses calomnies. Elles avaient peu réussi jusqu'à ce jour !

« Certaines personnes de Toulouse, écrivait-elle
le 25 septembre 1777, trop prévenues en faveur des
ci-devant Jésuites, ont crié à la calomnie sur ce que
nous avons dit de l'impie profanation des sacrements
accomplie par l'abbé Sérane. »

Voyant que ses amis eux-mêmes s'étaient joints
aux partisans de l'ex-Jésuite (!), la feuille ecclésiastique « s'est fait instruire plus particulièrement de
cette affaire. (Elle ne l'était donc pas d'abord.) Elle
a cherché partout des faits pour prouver la chose
avancée ; mais ses preuves demeurent toujours faibles, incertaines et mensongères. Il paraît cependant que la Supérieure de « l'imbécile Sœur Saint-

Henri » aurait elle-même fait des reproches à l'abbé Sérane au sujet de la communion donnée à cette pauvre fille ; et que celui-ci aurait répondu : « Je sais tout ce qu'on a débité contre moi dans la feuille ecclésiastique ; mais pour cela je ne renonce pas à mes principes. Si je confesse des insensés, je profite des moments lucides qu'ils peuvent avoir pour les admettre à la sainte Table, parce que la communion est de précepte ; mais je n'y admets pas indifféremment toutes sortes de personnes ! »

On confirmait d'ailleurs ces accusations par d'autres accusations, prouvant « que l'ex-Jésuite n'est propre qu'à *entretenir* et *augmenter dans le diocèse* l'ignorance, la superstition, le fanatisme et la corruption des mœurs !... Et néanmoins, il est comme le confesseur banal de la ville ; de plus, il est fort employé à donner des retraites dans les monastères des filles, particulièrement dans celui des Salenques ! M. Dolive, curé du Taur, lui en a fait faire une aussi dans son église, malgré la répugnance bien connue de la portion la plus saine de ses paroissiens ! »

Au reste, l'abbé Sérane avait essuyé, avant 1763 (!), une humiliation au Parlement de Toulouse (si impartial à cett époque), qui prouve évidemment « combien de mal cet ex-Jésuite, *qui passe pour un homme à miracles* (!), est capable de faire au confessionnal !... Le P. Sérane avait osé ne pas *obliger* un criminel à *s'accuser lui-même* devant le magistrat qui lui demandait des aveux ! ! »

Malgré de tels crimes, la feuille janséniste n'eut pas raison ; le P. Sérane continua ses prédications et ses retraites.

Une lettre du curé de Simorre, près Lombez, va nous donner une preuve vivante des fruits de son apostolat. Il écrit au P. Sérane, en date du 13 mars 1779 :

« Mon Révérend Père,

« Je vous envoie les chaussures que vous aviez apportées ici. On oublia de vous les remettre lorsque vous partîtes. J'en suis en quelque façon enchanté, parce qu'elles me procurent plus tôt la satisfaction de m'entretenir avec vous, dont je voudrais pouvoir jouir à tout moment. Et par là, je trouve le moyen de vous réitérer mes remerciements, qui ne sauraient être trop étendus.

« La joie règne dans mon âme, et mon cœur en est tout transporté ! je n'aperçois de toute part que fruit de mission. Tout le monde est dans la plus grande satisfaction d'avoir pu profiter de cette œuvre sainte. Les âmes réunies à leur Dieu, par le secours de sa grande miséricorde, déterminées avec force à persévérer dans leurs résolutions ; les cabarets déserts, au rapport des aubergistes ; les rues qui ne sont plus pavées de gros mots qui les faisaient gémir ; le contentement qu'on croit apercevoir sur le visage de chacun ; tout, ce semble, annonce le calme qui règne dans les âmes. Jugez de mon plaisir ; je le dois à vos soins, aidés de la grâce que Dieu ne refuse pas à ceux qui comme vous sont animés du zèle de sa gloire. Je n'oublierai jamais l'amitié que vous avez bien voulu me faire, etc.

« DÉMONT, *chanoine, curé de Simorre.* »

Un trait de mortification héroïque.

Comme le dit M. le Curé de Simorre, la grâce divine s'attachait aux vertus, aux souffrances, aux mortifications du saint missionnaire. En voici un trait saisissant, conservé et raconté par une de ses nièces, religieuse du Sacré-Cœur (1) : « Un jour, le Père allait prêcher aux environs de Toulouse ; il était à pied selon sa coutume, lorsqu'un voiturier l'apercevant, lui offre une place sur la banquette. Le Père remercie, accepte et se place auprès du voiturier. Après quelques mots édifiants, il continue son bréviaire. Mais tout à coup le voiturier s'émeut, le sang coulait à terre, et il crut que son cheval était blessé. Il examine ce cheval, voit du sang au bout de la banquette et ne peut comprendre d'où il sort ! Enfin il demande au Père de se lever et de descendre ; il ne le pouvait pas. On relève alors malgré lui le bord de sa soutane, et l'on voit avec effroi un gros clou qui, sortant du véhicule, s'était enfoncé dans sa jambe et y faisait un trou profond. L'on eut grande peine pour arracher ce clou. Il se forma une large

(1) Mme Jenny Lazerme, morte au Sacré-Cœur de Poitiers (V. Pièces justificatives).

blessure, et arrivé au lieu de sa station, le Père fut obligé de s'aliter et de renoncer à donner les exercices. Mais son exemple de mortification si rare opéra un plus grand nombre de conversions que les plus longs discours. Jamais station ne vit autant de fruits solides. On venait nuit et jour voir le Père cloué sur son lit, et l'on ne s'en retournait que converti ou plus chrétien. »

Rentré dans sa maison de Toulouse, l'apôtre se reposait des fatigues de la mission par des retraites données aux notables de la ville, aux diverses confréries des Pénitents. Durant ces exercices spirituels, qui embrasaient les cœurs, il aimait aussi à ranimer la dévotion envers la très sainte Vierge. Plein lui-même d'un pieux dévouement pour la Mère de Dieu, il forma le dessein d'organiser un pèlerinage solennel à Notre-Dame de Garaison. Il fait part de ce projet à la digne confrérie des Pénitents noirs, alors dans toute sa ferveur à Toulouse, et l'exhorte à remplir envers Marie les promesses qu'elle lui avait faites dans un temps de calamité.

Pèlerinage à Garaison.

« Ladite Compagnie, aveuglément soumise aux avis du P. Sérane, fixe le temps du départ pour Garaison (30 août 1778), et délibère que l'homme de Dieu sera son conducteur, « le prieur du voyage. » Sérane accepte avec humilité l'honneur de diriger les pèlerins. Il célèbre les saints mystères, met la Confrérie sous la protection de la Mère de Dieu, et fait entrevoir en peu de mots les avantages que les âmes bien disposées retireraient de ce pénible voyage. L'onction de ses paroles émeut tous les cœurs. On part; ce ne sont plus des hommes, mais des anges qui volent vers le temple de Marie. C'est un nouveau peuple de Dieu conduit par un nouveau Moïse. Tout Garaison est dans l'admiration, le temple retentit des hymnes en l'honneur de Marie; et la Table sainte est inondée de larmes, que la reconnaissance et l'amour font couler.

Les travaux apostoliques du P. Sérane, suspendus pour un temps, furent repris avec une nouvelle ardeur. Il courait de magasin en magasin, rappelant avec un zèle infatigable ses chers congréganistes que son absence avait dispersés, les exhortant à venir recueillir les grâces que Marie répand sur les enfants qui lui restent fidèles.

Ses vertus sublimes.

Ainsi le serviteur de Dieu passait-il en faisant le bien; ainsi dédommageait-il son cœur de la dissolution de la Compagnie sa mère. Cette plaie toujours saignante était du moins soulagée par la gloire qu'il rendait à Dieu, et le nombre d'âmes qu'il menait au ciel. Aussi bien ce Dieu n'était-il pas toujours le même pour lui? Le missionnaire trouvait sa force dans ses

3..

pieuses communications avec le divin Maître, et dans les mêmes vertus religieuses, pratiquées avec une ferveur toujours croissante.

Sa pauvreté était parfaite ; tout respirait dans la demeure de l'ancien religieux ce détachement absolu de toutes choses.

La suppression de la Compagnie avait rendu au prêtre sécularisé la possession de ses biens ; mais il ne s'en occupa jamais, et n'en parla que pour exprimer une ou deux fois son avis sur la manière de les mieux exploiter, ou pour les léguer à son neveu. Il se défaisait du nécessaire pour le donner aux pauvres. Qu'il demeurât à Toulouse ou qu'il allât visiter les siens à Perpignan, sa famille assurait que plus elle donnait de linge et d'argent au P. Sérane, plus elle soulageait de pauvres, car il ne gardait jamais rien. Il rentrait de ses stations si parfaitement dépouillé, qu'il fallait se hâter de lui renouveler ses mouchoirs et ses chaussures ; presque toujours il avait *échangé* ses souliers avec les mauvais souliers d'un indigent ! Jamais il n'avait d'argent disponible, car les pauvres avaient soin de l'en « décharger, » ayant coutume de dire : « Le Père reçoit pour nous, et nous sommes bien sûrs qu'à la porte de sa maison on ne lui refusera jamais. »

Dons surnaturels, esprit de prophétie.

De son côté, Dieu continuait aussi à répandre sa grâce sur un ouvrier si cher à son Cœur ; il ne lui retirait ni le don des miracles ni celui de prophéti-ser l'avenir.

Une nuit du jeudi au vendredi-saint, le P. Sérane s'enferma dans l'ancienne chapelle des Jésuites de Perpignan, où il se trouvait en visite, se mit à genoux sur les degrés du maître-autel, et demeura là immobile depuis neuf heures du soir jusqu'à cinq heures du matin. Une personne digne de foi, qui avait ouï parler de la piété du Père et de ses longues contemplations, eut le désir de s'en convaincre et de s'en édifier elle-même. Pour cela, elle se cacha dans l'église des Pères plusieurs fois ; elle a cru devoir attester que rien ne troublait l'extase du Père.

Peu d'années avant sa mort, causant avec sa belle-sœur, il lui dit en secouant la tête : « — Du courage, ma belle-sœur, nous marchons à grands pas vers une triste époque. Vous le verrez ; je ne le verrai pas. Et ce pauvre clergé de France (dont quelques-uns peut-être ont vu notre dispersion sans regret) sera lui-même banni, persécuté, et en proie à une désolation inouïe jusqu'à cette époque. De grands exemples de courage, mais aussi de grands désordres éclateront. »

Puis renouvelant sa prophétie au sujet de l'enfant unique de son frère : « — Et vous, ma belle-sœur, préparez votre âme aux jours mauvais et de l'épreuve ! Votre fils aussi sera une des victimes des malheureux qui nous gouverneront ! »

C'est le lieu de rapporter une autre prophétie bien remaquable prononcée du haut de la chaire.

L'homme de Dieu ne pouvait oublier à Toulouse les Communautés religieuses, pour lesquelles il avait hérité des sentiments du P. Cayron. Il confessait donc et prêchait de temps en temps dans ces Communautés. Or, un jour, le 6 septembre 1779, chez les Religieuses de Notre-Dame (1), lors de la prise de voile de la Rév. Mère Duterrail, il prononça le discours d'usage, et fit tout d'un coup une allégorie prophétique, qu'on rapporta d'abord à la Rév. Mère Fondatrice, mais que l'on reconnut être plus tard une vraie prophétie sur la jeune religieuse, objet de la fête et de son discours. Ces paroles ont été conservées avec vénération dans les Maisons de Notre-Dame :

« — Une montagne, s'écria le saint religieux, une montagne escarpée s'élève jusqu'à la Jérusalem céleste ; de son sommet descend une chaîne d'un riche et très pur métal ; une vierge sortie de la grande Babylone en saisit les anneaux, qui lui servent d'échelons pour monter jusqu'au faîte. A son imitation, une foule de vierges fuient le dragon infernal, et, quittant une plage bourbeuse, montent à sa suite pour rebâtir les murs de la ville sainte ; et toutes, couronnées de lauriers immortels, chantent un cantique nouveau ! »

N'est-ce point là l'histoire, gravée en traits prophétiques, des Religieuses de Notre-Dame, rétablies

______

(1) Aujourd'hui l'hospice militaire, où viennent d'être retrouvés les restes du vénéré P. Cayron.

par la Rév. Mère Duterrail, leur nouvelle fondatrice, après les ravages de notre affreuse Révolution, et si florissantes aujourd'hui ?

Au surplus, citons quelques paroles mémorables
que le P. Sérane disait à cette même époque à la
même Sœur Duterrail. Elles prouvent d'une manière encore plus évidente que le serviteur de DIEU
connaissait l'avenir. Celle-ci le consultait sur ce
qu'elle devait faire vers la fin de son noviciat. Tout
faisait présumer, en effet, que le scrutin des Mères
Vocales ne lui serait pas favorable, à cause de sa
mauvaise santé : — « Priez, ma fille, répondit le
P. Sérane, priez votre Supérieure de vous présenter
aux Mères Vocales ; ayez bon courage ! vous serez
religieuse de Notre-Dame, telle est la volonté de
DIEU qui vous destine à de grandes choses. Dans
quelques années, une révolution terrible éclatera en
France ; les monastères seront détruits, la religion
et ses ministres seront persécutés. Vous êtes choisie
de DIEU pour relever plusieurs Maisons de votre
Ordre, après ces temps de désolation. »

Ce fait, rapporté par la Rév. Mère, est confirmé
par une lettre de Mgr Savy, ancien évêque d'Aire,
qui avait eu toute sa confiance, et qui avait connu le
R. P. Sérane.

La Rév. Mère Supérieure actuelle de Toulouse,
de qui nous tenons ces détails, écrivait encore, à la
date du 6 août 1882 : « Nos Mères anciennes connaissaient toutes le P. Sérane et l'avaient en grande

vénération. Malheureusement, rien n'a été conservé par écrit. »

Une de ces anciennes Religieuses, vivant encore au monastère de Carcassonne, dont la mère, tout enfant, avait été caressée et bénie par le serviteur de Dieu, nous écrivait aussi à la date du 24 août 1883 : « J'ai éprouvé une vraie consolation de parler à l'un de vos Pères de notre vénéré P. Sérane, pour lequel ma mère avait conservé une vénération qu'il me serait impossible de vous rendre. Plus tard, la Rév. Mère Duterrail m'en a souvent parlé, et m'a raconté un fait très important de sa vie, qui me paraît une grande preuve du don prophétique que le bon Père avait reçu de Dieu. » Nous venons de le raconter.

Ce Dieu continuait, d'ailleurs, à le glorifier par des miracles. Des personnes encore vivantes à Toulouse tiennent, de leurs ascendants, ce que l'on racontait partout du serviteur de Dieu : des guérisons miraculeuses telles que celle-ci :

Un jour que le P. Sérane revenait de ses œuvres de charité auprès de ses malades de l'hôpital, il rencontre une pauvre personne qui semblait porter un précieux fardeau avec des précautions et des anxiétés maternelles : « Que portez-vous ainsi, ma bonne femme? — Ah! mon Père, c'est mon jeune enfant qui se meurt! Eh! tenez, le voilà déjà mort! — Non, non, reprend le P. Sérane, en touchant de sa main le front du frêle enfant ; votre fils n'est pas mort, le voilà même plein de vie. » A ces mots, le petit mourant ouvre les yeux et demande le sein de sa mère. Celle-ci, transportée de joie, le presse « plein de vie » contre son cœur; elle court en remercier Dieu, et raconter partout ce qu'elle doit au P. Sérane.

Les épreuves du Cœur.

Au reste, les souffrances et les peines du cœur, signe manifeste de l'amitié divine, ne manquaient pas au saint missionnaire; elles devaient être le prix des dons de Dieu. Il n'était pas établi à Toulouse depuis un an que le Seigneur, après lui avoir enlevé un neveu qu'il chérissait pour en faire un ange du ciel, lui portait un coup plus sensible dans la mort imprévue du père de cet enfant, M. Bonaventure Frigola, le mari de sa chère sœur. Nous devrions citer ici toute la lettre qu'il écrit à cette occasion. Elle nous montre son tendre cœur, et la manière de consoler les siens, en même temps qu'il se console lui-même. On y retrouve toujours le saint religieux et l'apôtre de Jésus-Christ.

« Mon cher neveu, *P. C.*,

« Mon frère m'apprend le triste événement qui vous afflige; j'y prends toute la part qu'y doit prendre un bon ami et un beau-frère. Les qualités de l'esprit de votre cher père, plus encore les qualités de son cœur m'avaient attaché à lui avant même que notre alliance nous eût rapprochés. Notre amitié n'était pas l'amitié d'un jour; elle n'a fait qu'augmenter à mesure que je l'ai connue de plus près. Le coup qui nous sépare m'est sensible. Rien de permanent dans ce monde ; il m'a précédé, je le rejoindrai bientôt ; car je suis arrivé à l'âge où l'on n'a pas longtemps à vivre. Dieu veuille que nous nous retrouvions l'un et l'autre dans le bonheur du ciel... Que ce triste événement nous instruise tous, et nous fasse mettre en pratique la leçon que nous donne Jésus-Christ, quand il nous dit : Soyez toujours prêts... Qu'il est heureux pour votre cher père de n'avoir jamais perdu cette leçon de vue, et d'avoir mené cette vie retirée et chrétienne qui est une préparation continuelle à la mort.

« A Toulouse, ce 20 décembre 1775. »

Les relations du religieux sécularisé avec sa famille se trouvaient nécessairement plus fréquentes. A Perpignan, l'on désirait jouir davantage de celui qui faisait le bonheur et l'admiration de tous. De son côté, le missionnaire apostolique tenait à conserver, avec les pratiques de son ancienne vie religieuse, la libre indépendance de ses œuvres et du ministère des âmes, auquel il voulait se dévouer jusqu'à la mort. Il sut donc maintenir le sage tempérament qui convenait au ministre de Dieu.

Etabli d'une manière plus durable dans un appartement de la famille des Chatelliers, rue Jouts-Aigues, près des Grands-Carmes, sur la paroisse de la Dalbade, chaque année il consolait les siens par une visite à Perpignan, sans oublier ses chers habitants de Villelongue. La famille venait elle-même à Toulouse, ou correspondait avec lui pour profiter de ses conseils. Nous avons retrouvé de sages décisions de morale et des principes de conduite que le savant théologien adressait à son neveu. Celui-ci surtout, Jean-Albert Sérane, réclamait à juste titre son affection et son dévouement. Volontiers l'oncle vénéré se dépensait pour le fils de son frère, ne reculant devant aucun sacrifice pour son bonheur et pour le salut de son âme. Il voulait voir développer, en cet adolescent de quinze années, l'éducation forte et solide que lui-même avait donnée dans les collèges de la Compagnie avant 1763.

Nous voudrions pouvoir dire qu'il n'eut jamais à lutter en cela contre les sentiments de son frère. Les idées sur l'éducation commençaient à changer avec les méthodes. L'ancien Jésuite s'efforce de maintenir, en faveur de son neveu, les traditions du grand siècle. Il engageait son frère à confier Jean-Albert aux prêtres qui dirigeaient le séminaire d'Auch, tandis que son père voulait le retenir plus près de lui chez les Oratoriens de Pézenas. Nous aimons à citer cette lettre tout à fait opportune aujourd'hui :

« Mon très cher frère,

Pax Christi.

« Nous n'avons jamais été d'accord pour l'éducation de votre fils, écrit le P. Sérane, le 6 octobre 1779 ; je crains que nous ne le soyons pas encore. Souffrez cependant que je vous le dise en passant : je suis censé être entendu en cette partie, et les étrangers me font quelquefois la grâce de me consulter. Quand il s'agit d'un enfant qui m'est aussi cher, ce ne serait pas, ce me semble, hors de sa place d'avoir quelque déférence pour mon avis. Mais enfin vous êtes père, et vous pouvez seul disposer de votre fils ; si je ne goûte pas le parti que vous allez prendre, il faudra que je fasse, pour l'avenir, ce que j'ai fait pour le passé : prendre patience.

« … Dans un cas de maladie, votre fils sera plus près de Perpignan que s'il était à Pézenas, parce qu'il ne sera qu'à dix lieues d'un autre vous-même. Pensez-vous que ni à Montpellier, ni à Perpignan ont prit plus de soin de ce cher enfant que je n'en prendrais en cas de maladie ? Pour n'avoir rien à me reprocher, il y a apparence que j'en ferais plus que vous n'en feriez vous-même, quoi qu'il dût m'en coûter.

« Venons à l'essentiel. La bonne éducation a deux objets : l'esprit et le cœur ; le plus essentiel est le second. On peut se passer de grec, de latin, de littérature et de sciences ; mais on ne peut pas se passer de probité, ni de religion. Avec les plus grandes connaissances, un jeune homme n'en sera que plus libertin et plus dangereux, s'il manque de religion et de vertu. Or il en manquera, si son cœur n'est pas formé. Le grand inconvénient de l'éducation actuelle, c'est que l'on ne s'occupe que de l'esprit, et que l'on ne pense pas plus au cœur que si l'on n'en avait point. On donne des leçons de latin, vaille que vaille, d'histoire, de géographie, de mathématiques, etc. Un enfant qui sort du collège avec ce coloris de savoir, plaît, et semble faire l'éloge d'une éducation que j'appelle détestable, parce qu'on laisse un enfant avec tous ses vices. Point de leçons de vertu, point de sentiments de religion, point de goût pour les sacrements, point ou presque point de vigilance sur ses mœurs. Aussi, que voyons-nous sortir de ces collèges? de francs libertins qui seront un jour la perte de la société et les bourreaux de leurs parents, par leur libertinage, leur indépendance et la brutalité de toutes leurs passions, qu'on n'aura pas pris soin de réprimer de bonne heure...

« Que votre enfant sache les mathématiques et l'histoire, ou qu'il ne les sache pas encore, dans le fond, peu m'importe ; mais ce qui m'importe, c'est qu'il fasse son salut, qu'il fasse la consolation de votre vieillesse par sa soumission et par sa bonne conduite, l'ornement de la société par sa vertu.

« Vous êtes ébloui du coloris de science que l'on donne à votre fils ! Vaine apparence qui donne dans les yeux, et qui n'a rien de solide ! Bien élever des enfants, c'est moins leur apprendre beaucoup que de les mettre en état de tout apprendre. Il faut qu'au sortir du collège un enfant ait en main la clef de toutes les sciences, pour qu'il entre facilement dans celle qui sera de son goût. Alors, ce qu'on lui aura à peine inculqué pendant trois ou quatre ans, il l'apprendra dans deux ou trois mois.

« Ce n'est pas qu'on doive négliger les petites connaissances qui sont de son âge, mais on ne doit pas faire son capital de lui apprendre les sciences qu'il ne goûtera peut-être jamais, ou qu'il négligera toute sa vie. Chaque chose a son temps, les fruits les plus précoces ne sont pas les meilleurs.

. . . .

« Toulouse, ce 6e octobre 1779. »

L'on avait suivi les conseils du vénéré parent, et l'enfant, placé au collège catholique d'Auch, dans la maison des anciens Jésuites, donnait de belles espérances :

« Les nouvelles que je reçois sont toujours également bonnes, écrivait l'oncle satisfait ; et je prévois avec quelque consolation qu'il se prépare là un bon sujet. Dieu veuille que la fougue des passions, qui se développent depuis dix-huit jusqu'à vingt-cinq ans, ne fasse pas évanouir de si douces espérances...

« Je dois, depuis quelque temps, une réponse à ce cher neveu. Mais j'ai tant d'occupation que je n'ai pas trouvé le temps de lui faire un bout de lettre. Je lui écrirai par le premier courrier, et ma lettre sera relative à sa première communion. Je lui en demanderai le jour, pour pouvoir dire la messe à son intention. Je me porte toujours bien, quoique je sois surchargé de travail. »

Les occupations de l'ouvrier apostolique ne lui laissaient donc aucun relâche. Jusqu'à ce jour, il n'avait tenu compte ni de son âge, ni de ses infirmités ; il continuait ses correspondances, donnait, comme directeur et casuiste, de judicieux conseils ; poursuivait, dans ses moments libres ou dans ses veilles, l'étude de la théologie et des saints Pères ; bien plus, il rédigeait des ouvrages de controverse dont plusieurs fragments, échappés aux ravages de la Révolution, sont encore là pour attester son érudition et ses travaux. Le désir de terminer cet ouvrage contre les impies de l'époque et les ennemis de son Dieu, qui se disaient « esprits forts, » contribua peut-être à diminuer ses jours.

Dans ses courses apostoliques et ses relations multipliées, avec toutes les classes, le P. Sérane avait souvent touché du doigt la plaie contagieuse et mortelle de l'incrédulité en France. Elle envahissait tout le corps social. L'ancien Jésuite eût voulu circonscrire le mal ; sinon guérir ces prétendus philosophes voués aux doctrines corruptrices de l'enfer, du moins en préserver les âmes qui n'en étaient pas encore infectées. Les fatigues excessives que lui demandait une telle œuvre ruinèrent peu à peu la santé du courageux polémiste, avant qu'il eût pu terminer son travail.

D'autre part, sa vie n'était-elle pas vouée à Dieu ? Et pourquoi la conserver s'il ne l'employait, s'il ne l'exposait même pour lui ?

Dès les premiers mois de 1782, une calamité publique lui offrit une occasion de dévouement et de zèle : « Qu'on se rappelle les cruels ravages qu'une maladie épidémique, dit le panégyriste Bellouguet,

4

causait il y a deux ans dans nos contrées. Elle semblait vouloir faire de cette ville un affreux désert; chacun tremblait pour ses jours. M. l'abbé Sérane affrontait le péril et la mort; il ne craignait pas de respirer un air infect et de s'exposer lui-même aux fureurs de la maladie pour porter des secours à ceux qui en étaient la proie et recevoir leurs derniers soupirs. C'était une tempête qui engloutissait autour de lui des milliers de victimes; intrépide, il oublie qu'il court les mêmes dangers, pour ne s'occuper que du salut de ses semblables. »

L'apôtre ne désirait se reposer qu'au ciel. Malgré les infirmités de l'âge, qui l'avaient affaibli, il ne pouvait se résoudre à laisser aucune de ses occupations; il semblait au contraire vouloir les multiplier durant les dernières années de sa longue carrière. A l'âge de soixante-dix ans, « il étendait encore la sphère de ses lumières, il augmentait ce trésor où venaient puiser les esprits les plus profonds, les plus exercés à diriger les consciences; aussi était-il le conseil des personnes les plus distinguées, des prélats les plus respectables. » Il s'occupait encore des communautés religieuses et « plusieurs Chantal, dit l'auteur de son *Eloge*, recevaient les règles de cet autre François de Sales. »

CHAPITRE X

———

En cette année 1782, nous n'en trouvons pas le jour précis, Dieu frappait encore son cœur d'un coup bien douloureux : son bien-aimé frère, Louis Sérane, succombait à Perpignan, dans un âge avancé sans doute, puisqu'il était son aîné, mais peut-être emporté par le fléau qui désolait le midi de la France. Il est aisé de comprendre quelle douleur poignante transperça son âme ; quelle résignation il offril à son Dieu ; quelles lettres consolantes il écrivit à sa belle-sœur et à son neveu, si éprouvés dans leurs affections les plus chères. Mais les lettres ne pouvaient suffire à son cœur.

Il fit donc trêve à ses occupations, regardant comme un devoir de consoler sa famille, de régler lui-même ses dispositions testamentaires ; il se rendit à Perpignan, au mois de septembre 1782. Son cœur cédait encore, il faut le dire, à des sollicitations pressantes qui lui conseillaient le repos. Mais ce repos ne venait-il pas trop tard ? N'était-il pas à son tempérament plus nuisible que l'activité ? Toujours est-il que l'ouvrier apostolique ressentit à Perpignan les premières atteintes du mal qui devait lui ouvrir le repos de l'éternité. Lui-même, de retour à Toulouse, écrivait à son neveu, en date du 5 octobre 1782 :

« Me voici rendu chez moi depuis mardi ; il me tardait de reprendre mon appartement. Mon rhume ne m'a pas encore quitté, mais il s'est affaibli. J'ai retrouvé ici l'appétit que j'y avais laissé en partant pour Perpignan.

« Soyez la consolation de votre chère mère, qui mérite à tous égards votre reconnaissance et votre tendresse. Et pour cela soyez honnête homme, c'est-à-dire bon chrétien ; car, point de probité sans religion. Sans celle-ci, en effet, la probité n'est autre chose que l'honnêteté publique ; vain fantôme qui fait illusion, mais qui, n'ayant pas son fondement dans le cœur, ne peut être qu'une vaine apparence ! »

Au 1er décembre suivant, nous trouvons encore d'utiles conseils adressés à son neveu sur les études de droit. Ils ne sont nullement déplacés aujourd'hui :

« Appliquez-vous à vos études ; non à celles qui sont de pur agrément, elles ne vous conduiront à rien ; mais à celles qui pourront vous être utiles. Il vous faut un état ; un simulacre d'étude suffira pour vous y mener. Mais si vous vous en tenez là, ce ne sera que *ad honores*. Pour le remplir avec quelque honneur, il vous faut des connaissances que l'étude seule peut donner, et qu'elle vous donnera plus ou moins, à mesure que votre application sera plus ou moins grande. Il y a des avocats que la place honore, et d'autres qui honorent leur place. Si vous voulez être du nombre de ces derniers, appliquez-vous. Ce n'est qu'à force d'application qu'on y parvient. Je crains pour vous les mauvaises compagnies. Vous avez assez d'esprit pour les démêler ; ayez assez de prudence pour vous en garantir. »

Ces dernières paroles étaient-elles prophétiques ? On vit, hélas ! bientôt après que les craintes du P. Sérane n'étaient pas sans fondement. A la vive douleur causée par la mort de son bien-aimé frère, aux germes de sa maladie qui ne disparaissait pas, vint s'ajouter bientôt une de ces douleurs morales qui peuvent mener au tombeau. Nous devrons la signaler tout à l'heure.

Autour du saint vieillard on ressentait de vives craintes ; et l'on crut devoir les communiquer à Perpignan. La lettre qu'il écrivait à son neveu le 18 décembre est destinée surtout à les combattre ; mais elle ne pouvait les détruire :

« Mon très cher neveu,

« *Pax Christi.*

« Mme Chatellier est une personne bien sage ; mais à mon occasion elle a fait une imprudence, et vous a donné une alarme mal à propos. J'ai encore quelque reste du rhume que j'avais à Perpignan. Quoiqu'il ne prenne ni sur mon embonpoint, ni sur mon appétit, ni sur mon sommeil, ni ne m'arrête dans mon travail ordinaire, j'ai cru pourtant devoir prendre quelques mesures pour m'en défaire, et je me suis décidé, par simple précaution, à prendre les bouillons de poumon. Je trouve qu'ils me font quelque effet, et j'espère qu'ils me déferont bientôt de cet hôte incommode. »

Hélas ! l'hôte fut tenace et plus dangereux qu'il ne croyait. En janvier 1783, il remercie son neveu Sérane des souhaits d'heureuse année formés pour lui :

« Je suis bien sûr qu'ils sont sincères, comme vous ne doutez pas de la sincérité de ceux que je forme pour vous : le cœur et le sang me les dictent.

« Je me porte toujours bien, quoique je n'aie pas le biais de me défaire du rhume que j'ai porté de Perpignan..... Dites pour moi à votre chère mère tout ce que votre cœur vous dictera. Pour tant que vous en disiez, vous n'en direz jamais trop ; je ratifierai toujours le tout. Adieu, mon cher Sérane ; craignez toujours DIEU, et aimez-le ; c'est le vrai moyen de rendre vos années longues et heureuses. Je suis, avec le plus tendre attachement, etc. »

« — Je vous félicite, écrivait-il un peu plus tard (31 mars 1783), je vous félicite de l'ordre que vous mettez à vos affaires ; comptons sur la Providence ; c'est une bonne mère qui ne nous manque jamais... Vous me faites part du temps que vous avez donné à vos plaisirs ; passe, pourvu que vous ne le soustrayez pas à celui que vous devez à votre devoir et à votre religion. Les plaisirs passent et ne laissent souvent après eux que des regrets ; mais le devoir et la religion sont de tous les temps : il est toujours consolant et utile de s'y être attaché... Je doute fort que je puisse passer à Perpignan cette année ; mais si vous vous rendez à Toulouse, j'en serai dédommagé en grande partie. »

Sa lettre du 21 mai nous montre le progrès qu'avait déjà fait sa maladie, et combien lui-même en soupçonnait la gravité :

« Votre dernière lettre m'apprend le rétablissement de la santé de votre chère mère. La nouvelle est bonne, mais je crains qu'elle ne soit bientôt contredite par le retour des fièvres... il me tarde de savoir ce qui en sera...

« Pour ce qui me regarde, je n'ai rien de trop triomphant à vous annoncer. Mon rhume me dure toujours, et s'est tourné en un asthme qui me fatigue plus la nuit que le jour. Mon travail en souffre, parce que, pour réparer ce que je perds de sommeil pendant la nuit, je suis obligé de le prolonger le matin. Je me suis mis depuis quelque temps entre les mains du médecin, pour empêcher le progrès d'un mal qui fatigue ma poitrine, et qui pourrait avoir de fâcheuses suites.

« Je vois avec peine que, dans cette circonstance, vous ne puissiez pas me faire passer quelque argent, en ayant plus besoin que jamais ; le cours des remèdes que je fais exigeant des dépenses extraordinaires. Car, pour l'emprunt que vous me conseillez, je ne puis m'y résoudre. Je n'ai jamais dû, ni ne veux devoir. J'ai déjà pris à deux différentes reprises les bouillons de poumon ; je prends à présent les eaux de Cauterets. Cependant je ne m'alarme pas, parce que je n'ai pas le plus petit soupçon de fièvre, et que mon appétit se soutient.

« Adieu, mon cher Sérane, étudiez et soyez homme de bien ; l'étude vous servira pour le temps, et la sagesse pour l'éternité. C'est un mauvais titre, même pour le monde, que celui de libertin. Mille choses à votre chère mère... Je suis, etc.

« Ce 21 mai 1783. »

On voit que le digne vieillard ne parle plus de guérison prochaine, mais il n'en continue pas moins ses œuvres apostoliques. Comme il le disait lui-même un jour, « le bon soldat meurt à son poste. »

« — Je ne suis pas trop porté, écrivait-il le 14 juin, à consulter M. Petit. Je suis ici en bonnes mains, et je m'en tiendrai là ; d'autant plus qu'il est impossible d'extirper mon asthme, et que M. d'Astarac, mon médecin, prend les plus justes mesures pour qu'il n'ait pas de funestes suites pour ma poitrine. Du reste, comme je l'ai souvent répété, mon infirmité ne prend ni sur mon appétit ni sur mon sommeil. Je fais mon travail ordinaire, *sauf la prédication*, à laquelle je renonce, parce que je la crois incompatible avec mon mal.

« Je me suis engagé à aller passer quinze jours ou trois semaines à Saint-Lys , avec Mme Doujat, dans le dessein de me donner quelque repos. Sans cet engagement, peut-être cèderais-je à l'envie que j'aurais d'aller à Villelongue... Mais l'assurance que vous me donnez de vous rendre ici après vos travaux me dédommage de la consolation dont je me prive. »

Le séjour de Saint-Lys ne fut pas défavorable au vénéré malade. Tout y fut mis en œuvre pour le soulager ; mais les soins dévoués qu'on y prit de lui ne pouvaient le guérir.

Du reste, son rhume, ou son asthme, n'avait d'autre effet que de l'empêcher de monter en chaire. Ses œuvres de charité, de zèle et d'abnégation religieuse n'en s'ouffrirent jamais. Plus préoccupé, d'ailleurs, de la santé des siens que de lui-même, il les invite à venir à Toulouse, le changement d'air devant être, dit-il, « très avantageux à sa belle-sœur. »

Les dernières épreuves.

Tout faisait même espérer que le vaillant ouvrier apostolique aurait longtemps encore travaillé pour son DIEU, si l'ennemi des âmes n'avait dirigé contre lui une de ses blessures intimes qui devait briser son cœur et sa vie. Dieu lui en avait donné la prévision. Ce cher neveu, objet de ses sollicitudes et de ses prières, surtout depuis la mort de son père, et dont l'âme lui était chère entre toutes, oubliant un jour ses sages conseils, n'avait pas eu la force de résister aux funestes entraînements de son âge ! Ce coup fut terrible pour le saint vieillard. Toute sa douleur déborde dans sa lettre du 6 décembre 1783. Frappé au cœur, c'est l'apôtre qui voit offenser son Dieu et scandaliser les âmes par l'enfant qui lui est si cher ; c'est le père qui laisse échapper son cri d'amour, le sage médecin qui sonde la plaie pour la guérir, l'habile directeur qui sait bien, d'après l'enseignement de saint Ignace, que découvrir le mal à la mère de la pauvre victime est le remède efficace pour mettre en fuite l'ennemi :

« Mon cher neveu,

Pax Christi.

« Vous avez fait à mon cœur une plaie qui saigne encore et qui saignera longtemps !... Je sais que vous êtes grandement fâché que j'aie donné avis de tout ceci à votre chère mère. Mais que vouliez-vous que je fisse ! Vous écrire à vous-même ? Etait-il de la prudence de m'en tenir là, moi qui sais mieux que tout autre que dans une violente passion une lettre n'est qu'une lettre, et qu'on n'en tient aucun compte ! Je connais la tendresse de votre mère pour vous, et sa grande prudence. Après y avoir bien réfléchi, je crus qu'il était de la sagesse de lui donner avis de tout, afin qu'avec sa douceur ordinaire elle pût vous faire rentrer en vous-même, et vous rappeler de vos égarements... Il n'y avait pas d'autre parti à prendre, pour que, sans éclat, il fût porté remède à un mal aussi violent.

« ... Je suis votre second père ; quelle douleur pour un père que de pareils écarts dans un enfant ! Voulez-vous abréger mes jours, qui ne peuvent être que languissants, tant que je vous verrai plongé dans un si profond précipice ! Je ne vois devant moi que le plus triste avenir pour vous... Je vous parle sans déguisement. J'espère que votre réponse ne se sentira pas du dépit que vous avez conçu mal à propos contre moi, pour avoir instruit votre chère mère. Si vous continuez à juger que ce soit une faute, pardonnez-la-moi ; c'est l'intérêt paternel que je prends à ce qui vous regarde qui me l'a fait commettre.

« Je suis, avec le plus tendre attachement, etc... »

Ces tendres reproches obtinrent l'effet que s'en était promis le cœur du père et de l'apôtre. Sa lettre du « 3ᵉ de l'an 1784 » nous montre sa sollicitude et sa tendresse toujours bien vives.

« Mes sentiments pour vous doivent vous convaincre de la sincérité des vœux que je fais... Commencez par vous remettre en grâce avec le bon Dieu, c'est le vrai moyen de reprendre une conduite qui vous honorera devant les hommes, en même temps qu'elle vous attirera les bénédictions du ciel. C'est aussi le grand remède pour fermer la grande plaie que vous avez faite à mon cœur ! »

CHAPITRE XI

LE SAINT TRÉPAS

Le serviteur de Dieu éprouva par lui-même qu'il y a plus de joie pour la conversion d'un pécheur que pour la persévérance de quatre-vingt-dix-neuf justes ; mais à son âge, avec sa grave infirmité, la blessure pouvait-elle guérir ? Il allait toujours dépérissant ; le terme de sa vie devait-il être bien éloigné ? Le saint vieillard ne le pensait pas, puisqu'à la même date du 3 janvier 1784, il écrivait par la même occasion à son neveu Bonaventure :

« Mon cher neveu, *P. C.*

« Mes sentiments, que vous ne pouvez ne pas connaître, vous disent d'avance quels sont les souhaits que je fais pour vous à ce renouvellement d'année. Qu'elle se passe dans la prospérité, la paix et la vertu, plus encore que par le passé ! Je forme les mêmes souhaits pour toute votre aimable famille, et pour la chère sœur Séraphine.

« Je commence à me sentir des infirmités de l'âge.

Le rhume que j'avais à Perpignan, lors de mon dernier voyage, s'est tourné en asthme qui me fatigue. C'est un avertissement pour moi. Que le Seigneur me fasse la grâce de le mettre à profit !

« Je suis, avec la plus tendre affection, mon cher neveu, etc. »

Cette grâce ne devait pas manquer au vaillant ouvrier de la première heure. Il voyait la mort approcher, lui offrant la couronne du divin rémunérateur de tout bien. Dans ces sentiments de confiance, il voulut disposer des quelques ressources que la dissolution de ses vœux solennels lui avait permis de posséder.

Les 28 et 29 janvier 1784, il dicta ses volontés dernières. Selon les formules pieuses de ces temps, encore pleins de foi, son testament commence ainsi :

« Je soussigné, Jean Sérane, prêtre, résidant à présent à Toulouse, chez les dames Chatellier, rue Jouts-Aigues, considérant la fragilité de la vie et l'incertitude de l'heure à laquelle il plaira à Dieu de me retirer de ce monde ; pour prévenir et éviter toute contestation à raison des biens qu'il a plu à la divine Providence de me départir en ce monde, et de ceux auxquels on pourrait croire que j'ai quelque droit, j'ai fait mon testament et disposition de ma dernière volonté comme suit : ayant fait le signe de la croix et recommandé mon âme à Dieu et à la très sainte Vierge Marie.

« Je veux, vingt-quatre heures après mon décès, être inhumé, avec toute la modestie et simplicité chrétiennes, dans le cimetière de la paroisse sur laquelle je décéderai ; je laisse le soin de mes honneurs funèbres et prières à dire, pour le repos de mon âme, à la discrétion de mon héritier ; j'attends pourtant de lui qu'il fera célébrer à cette intention trois cents messes, dont cent seront célébrées à l'église de Nazareth, sous l'honoraire de quinze sols par messe...

« ... Je donne et lègue à l'église de Nazareth tout ce qui se trouvera dans l'armoire de la sacristie où je tiens mes surplis et aubes, et de plus cinquante livres pour les réparations que l'on jugera convenables pour le bien de la dite sacristie... »

Ses plus précieux trésors, on le voit ensuite, ce sont des livres provenant de l'ancienne maison Professe, de pieuses estampes et des reliques. Il donne aux Religieuses de Notre-Dame du Sac, avec une somme pour la sacristie et divers livres pieux, une grande relique de saint Régis, probablement celle qu'il avait reçue du vénéré P. Cayron. Mais, en outre, il leur confie, pour vingt-quatre ans, huit grands ouvrages appartenant aux anciens Pères de la Compagnie de Jésus. Il espérait sans doute qu'après ce temps, la Compagnie serait rétablie à Toulouse. Peut-être Dieu lui montrait-il dans l'avenir les Jésuites conservés en Russie au moment où il écrivait son testament (29 janvier 1784) ; rétablis, *vingt-*

quatre ans après, en 1808, dans le royaume des Deux-Siciles ; et en 1814, dans tout l'univers catholique (1).

Ces dernières dispositions prises, le P. Jean Sérane ne pensera plus qu'à sanctifier ses derniers jours.

Les soins et le dévouement ne manquèrent pas au saint vieillard. Mais Dieu devait une récompense prochaine au glorieux apôtre, à l'ancien religieux de sa Compagnie. Le 2 février, anniversaire de sa profession, il était saisi d'une violente crise, qui nécessitait une consultation de docteurs. Deux jours après, écrivant encore à sa chère sœur, il employait pour la première fois une main étrangère :

« Ma très chère sœur, la paix de Notre-Seigneur Jésus-Christ !

« Je me porte moins mal qu'avant-hier. Une assemblée des trois médecins plus habiles de Toulouse m'a déclaré qu'il n'y avait pas encore de danger prochain pour moi. Si votre fils n'est pas encore parti, qu'il reste. Quand la saison sera moins rude, je le prierai de venir me chercher, parce que je me propose d'aller me reposer à Perpignan, si je recouvre assez de forces pour ce voyage. Je me recommande à vos prières ; j'en ai besoin... Je me recommande spécialement aux prières des religieuses de Notre-Dame et de la Sœur Séraphine. Qu'elle demande surtout à Dieu que sa volonté s'accomplisse sur moi.

(1) Pièces justificatives, n° V.

« Je suis, dans les sacrés Cœurs de JÉSUS et de MARIE, avec la plus tendre affection, etc. »

Le 16, par la même main étrangère, il écrivait à son neveu : « Je croyais toucher à mon dernier terme. Grâces à DIEU, je me suis trompé ; je suis en pleine convalescence. Mais elle est lente, et je me sens si peu de forces, que je n'ai pas eu encore le courage de quitter ma chambre. » Puis l'apôtre ajoutait : « Dites de ma part mille choses à votre chère mère ; et pour vous, ne vous laissez pas entraîner aux folies du temps ; il est difficile que la santé et la conscience n'en souffrent. Priez le Seigneur qu'il me fasse la grâce de profiter, pour sa gloire et son saint service, des jours qu'il me prolonge. »

Ces jours ne devaient pas être longs, mais sanctifiés par les plus beaux exemples de vertu. Comme une vive lumière qui va s'éteindre après avoir brûlé pour DIEU, l'apôtre éprouvait encore des retours apparents à la santé ; derniers feux d'une longue vie employée tout entière à servir le Seigneur. Voici, en effet, la dernière lettre qui nous est restée de lui. Cette fois, elle est écrite de sa main, et datée du 17 mars 1784 :

« Mon cher neveu,

P. C.

« Je veux vous écrire tous les courriers, et jamais je ne le fais. Heureusement, une visite me quitte dans le moment et me laisse assèz de loisir pour mettre la main à la plume. Je me faisais illusion quand je vous disais dans ma dernière lettre que j'étais en pleine convalescence et que j'étais hors d'affaire. Je fus désabusé le lendemain que le médecin s'expliqua plus clairement avec moi. J'ai couru un danger assez prochain d'une hydropisie de poitrine. Heureusement on a prévenu le mal, et je suis hors d'affaire. Ma convalescence est longue et lente, et je suis dans le dessein d'aller à Perpignan pour la perfectionner. Je vous en donnerai avis quand il le faudra; excepté que des circonstances particulières ne missent obstacle à l'exécution de mes projets. Dites mille choses de ma part à votre chère mère. Priez pour moi. Mme Chatellier, qui est actuellement dans ma chambre, vous salue cordialement.

« Je suis tout à vous, etc.

« SÉRANE, *prêtre.*

« Ce 17 mars 1784. »

Au lieu d'aller à Perpignan, il dut bientôt faire écrire à son cher neveu, qui se rendit à Toulouse; mais ce fut pour assister à la sainte mort de cet oncle si vénéré.

Derniers moments du juste.

Ce ne sont plus les lettres du P. Sérane, mais les historiens et les témoins qui vont nous raconter les derniers moments du saint prêtre; nous dire la gloire dont le Seigneur environna sa mort, ainsi que ses funérailles.

Les travaux et les infirmités de l'âge, dit une relation de sa mort, avaient affaibli le P. Sérane ; il semblait ne se soutenir que pour l'exemple des hommes, par sa patience et sa résignation. Toujours entouré d'une foule innombrable de pénitents, il avait sacrifié son repos pour les entendre. Accablé d'infirmités, son zèle était plus fort que le mal, et ses travaux ne finirent qu'avec sa vie.

Il allait donc succomber à des travaux aussi pénibles. Voyant les progrès de sa maladie, il fait appeler son directeur et demande les derniers sacrements de l'Église. Il les reçoit non seulement avec une entière présence d'esprit, mais encore avec un recueillement et des marques de tendresse envers Notre-Seigneur qu'on ne saurait assez admirer.

La maladie avait pu quelquefois suspendre le cours de ses œuvres ; il les avait toujours reprises avec une nouvelle vigueur dès les premiers jours de sa convalescence. La mort seule pouvait les arrêter. Il la vit approcher avec cette tranquillité et cette joie promises au juste dans l'espérance d'un éternel repos. Citons ici son panégyriste :

« Il implorait surtout la miséricorde divine, ses sentiments de crainte étant mêlés de confiance et d'amour...

« Si nous pouvions rendre compte ici de ses ferventes prières durant le cours de sa maladie, et au moment de s'unir à son divin Maître, de ses soupirs, de ses élans du cœur qui semblaient le porter vers la demeure céleste et lui en faisait anticiper les douceurs, quels sujets d'édification ne donnerions-nous pas à la piété ! Que de larmes nous ferions couler des yeux de nos lecteurs attendris ! Si nous pouvions le peindre conservant jusqu'à ses derniers instants, même jusqu'après sa mort, cet air doux et serein répandu sur tout son visage, ce sourire aimable et gracieux, signe de sa bonté, quel chrétien pourrait se refuser au désir d'un trépas aussi beau, aussi glorieux !

« On voyait cependant cette tranquillité s'altérer quelquefois ; à plusieurs mots entrecoupés et prononcés par intervalle, on comprenait que Satan faisait ses derniers efforts sur une âme qui allait s'élancer dans le sein de Dieu. On le voyait bientôt après renaître à la paix et au calme, on l'entendait s'écrier avec l'expression d'un homme soulagé : « Le combat « est fini ! »

Quelquefois cependant les angoisses de la dernière heure, qui viennent troubler les plus grands saints, reprenaient encore leur empire ; il implorait alors avec des gémissements et des larmes ce Dieu qu'il avait offensé.

« Ces émotions ne manquaient pas de frapper ceux qui se trouvaient auprès de lui. L'un d'eux ne put s'empêcher de lui dire avec naïveté : « Mais, « mon Père, vous n'avez fait que du bien ! — Dites « donc que des fautes ! » répondit-il avec force. Mais bientôt la confiance renaissait sur les traits

du saint vieillard. On sentait le triomphe de la paix
de son âme, et la présence de la grâce divine qui
régnait dans son cœur.

« Il s'était plusieurs fois nourri du pain des anges
avec des sentiments qu'il est impossible d'exprimer.
Toujours maître de lui-même, il faisait à ceux qui
étaient accourus chez lui des exhortations vives et
tendres que nous voudrions pouvoir rapporter. » Sa
cellule était devenue comme un sanctuaire, et sa
couche une chaire sacrée d'où il adressait, comme
autrefois, les plus pathétiques exhortations.

La vigueur d'esprit et la joie que le P. Sérane avait
d'aller à Dieu, suppléant aux forces de son corps
qui diminuaient à vue d'œil, il répondait distincte-
ment aux prières de l'extrême-onction avec un ton
de voix aussi dévot, un cœur aussi touché que s'il
eût joui d'une santé parfaite.

Ce vrai serviteur de Dieu, après avoir attendu
quelque temps dans la même présence d'esprit le
moment du Seigneur, sentit bien qu'il allait mourir.
Alors, dit son panégyriste, « ô comble de l'humilité !
sa voix mourante se ranime encore pour faire aux
personnes qui l'entouraient, qui toutes fondaient en
larmes, l'amende honorable la plus touchante. Mais
sa voix s'éteint de nouveau. On le crut prêt à rendre
le dernier soupir, et l'on approcha de ses lèvres le
crucifix qu'il portait toujours avec lui, en disant :
« Mon Père, voilà votre Dieu ; il doit être votre con-
« solation. » A ces mots, il ouvrit la bouche comme

pour le recevoir ; mais s'apercevant que ce n'était que son image, il le prit dans ses mains, le mit sur sa poitrine et le pressa tendrement contre son cœur, en soupirant amoureusement vers le ciel. Dans ce transport d'amour, sa sainte âme s'envola vers Dieu, le 17 avril 1784, à deux heures de l'après-midi. C'était le samedi dans l'octave de Pâques qu'il allait entonner devant Dieu son *Alleluia* éternel. »

Douleur générale.

A peine le serviteur de Dieu eut-il expiré, que le bruit de sa mort se répand dans toute la ville. Les pauvres et les riches se confondent dans une égale douleur. On accourt de toutes parts pour pleurer sa perte, pour admirer ses traits, pour honorer un saint, pour invoquer sa protection ! La voix du peuple de Toulouse, témoin de ses vertus et de ses miracles, l'avait canonisé avant sa mort. Toutes les rues voisines de la pauvre demeure où il vient d'expirer se remplissent durant deux jours d'une multitude si compacte qu'à peine était-il possible de les traverser.

La chambre mortuaire ne peut contenir la multitude. On se prosterne devant les saintes dépouilles, on passe des heures entières à prier devant le cercueil. On fait toucher à son corps des médailles, des chapelets et autres objets de dévotion. Pas un qui ne voulût approcher de ce corps auguste, lui baiser les mains et emporter avec lui quelque chose de ses précieuses dépouilles. Il y en eut qui lui coupèrent une partie de ses cheveux et de son vêtement.

Durant sa vie, le P. Sérane avait reçu les mêmes témoignages de la vénération publique ; on lui déroba souvent des morceaux de son vêtement sacerdotal. La ferveur était telle qu'on eût enlevé des parcelles de ses membres vénérés, si une exacte surveillance n'y avait mis obstacle... Ce ne fut qu'en réclamant l'autorité des magistrats et le secours de la garde, qu'on put parvenir à faire sortir le peuple qui se disposait à passer la nuit auprès de son corps.

Arrêt du Parlement.

MM. les capitouls envoyèrent, en effet, une garde dans la maison, et MM. du Parlement lui décernèrent l'honneur de déroger, d'un consentement unanime, aux arrêts de défense touchant les inhumations dans les églises, en autorisant, par une décision de la Cour souveraine, celle du « prêtre consorciste » dans la chapelle de Nazareth. Citons ici les élogieuses paroles de Crétineau-Joly, historien de la Compagnie de Jésus :

« On avait détruit la Compagnie, on l'aimait encore, on la vénérait dans ses membres. A Toulouse, on vit, en 1784, le Parlement de Languedoc se réunir pour rendre un dernier arrêt concernant les Jésuites. Cette cour judiciaire s'est associée à tous les actes des

Parlements. Elle a condamné et maudit l'Institut ; mais alors ce n'est plus de flétrissure qu'elle s'occupe. Le P. Jean Sérane, l'ami des pauvres, vient de succomber sous les efforts de son zèle, le Parlement ordonne que le Jésuite sera inhumé solennellement dans l'église de Nazareth de cette ville, et, le même jour, sur ce cadavre que toutes les voix bénissent, l'officialité diocésaine commence les informations juridiques pour la béatification du Père. » (Tome V, ch. vi.) (1).

(1) Pièces justificatives, nº VI.

CHAPITRE XII

———

Mais pendant que l'autorité rendait hommage à la mémoire de ce digne Père, le zèle des citoyens lui préparait un triomphe plus grand encore. Une foule innombrable était accourue au convoi, non par une simple curiosité, mais pour contempler encore à loisir les restes vénérés du bienheureux défunt. Il était dans son cercueil, les mains jointes, tenant le crucifix qu'il avait embrassé en mourant. Son visage paraissait riant, et ses traits, parfaitement conservés, le représentaient tel qu'il avait toujours vécu.

Au moment où le cortège funèbre commençait à se diriger vers la chapelle de Nazareth, un incident touchant avait lieu aux portes de la ville. La belle-sœur du P. Sérane, avertie par son fils de la mort imminente de son beau-frère, était partie en poste de Perpignan pour se rendre à Toulouse. Arrivée aux barrières de l'inspection, on arrête ses chevaux selon l'usage. Mais la voyageuse, tout absorbée dans sa douleur, se hâte de répondre : « Je n'ai rien ; de grâce, laissez-moi passer. — Nous ne le pouvons pas, Madame, reprennent les agents. — Mais je viens pour les honneurs funèbres du P. Sérane, mon beau-frère ; y serai-je... ! » On ne lui laissa pas achever le mot *à temps*, et l'on crie au cocher : « Partez vite, vous y serez encore ! C'est un saint que l'on porte en terre ! » Et le panégyrique se serait fait à la barrière, si les chevaux n'avaient pas déjà emporté l'heureuse femme, dont chacun enviait le sort d'appartenir à la famille d'un saint.

Elle arrive, en effet, auprès du cercueil, et peut contempler et vénérer une dernière fois les traits de son beau-frère. Mais quel spectacle se déroule à ses yeux ! quel convoi et quel immense cortège ! quelle foule se presse pour le suivre, remplie d'admiration !

Quelle pompe funèbre ! ou plutôt quel triomphe ! L'air retentit à la fois de sanglots, de bénédictions et de louanges. Tous y apportent leur tribut. Le pauvre pleure son bienfaiteur, son ami, son père ; tous regrettent un apôtre et un saint. On entoure de gardes son lit funèbre, et l'on met jusqu'à des scellés sur ses pauvres dépouilles. Témoignage puissant de la vénération des peuples ! Louange vraie, preuve évidente de la confiance qu'inspire l'homme de DIEU à ceux qui le pleurent encore, mais qui le cherchent au ciel !

Le cortège est digne du prêtre, toujours membre de cœur de la Société de JÉSUS. La Confrérie des Péni-

4..

tents noirs, alors si recommandable à Toulouse, et qui se glorifiait d'avoir pour confrère celui qui venait de diriger son pèlerinage de Garaison ; le clergé de la Dalbade, sa paroisse ; celui de la chapelle de Nazareth, dont il était consorcisté ; des membres de ce même Parlement dont les décrets l'avaient banni, confirmant aujourd'hui, par leur présence, l'éloge qui sort de toutes les bouches ; tous accompagnent le nouveau Vincent de Paul à sa dernière demeure. L'affluence du peuple est si grande que les portes de l'église de Nazareth, où reposera son corps vénéré, doivent être gardées par les soldats envoyés par les capitouls, pour empêcher le désordre qu'un pieux excès cause souvent en pareil cas.

Après les cérémonies de l'église, et pendant le *Libera*, on entend un gémissement universel, on lit dans tous les yeux les signes de l'attendrissement. Ceux-ci, prosternés sur sa tombe, goûtent une vraie consolation à l'arroser de pleurs ; ceux-là, prosternés au pied des autels, croient déjà le voir auprès du trône de Dieu.

Une fervente piété a saisi tous les cœurs, et la multitude se retire en s'entretenant des actions de ce saint Père. C'est ainsi que partout on le nomme, et qu'on l'invoque, plutôt qu'on ne le pleure.

Longtemps avant l'heure, non seulement l'église de Nazareth, désignée pour la sépulture, était déjà comble, à tel point qu'on craignit de voir s'écrouler sur la foule les tribunes encombrées, et jusqu'à la chaire elle-même ; mais le long des rues et des places, les portes, les fenêtres, les balcons et la voie publique étaient envahis.

« Vous n'en serez pas étonné, dit un des témoins, mais j'ose assurer que jamais vous n'avez rien vu de semblable. » Et ne trouvant pas de terme assez expressif pour manifester le sentiment unanime de tout ce grand peuple, un autre spectateur ose bien ajouter : « S'il ne s'opère pas autant de miracles à cette tombe qu'à celle du saint mendiant de Rome, Joseph Labre, ce ne sera, croyez-le bien, qu'en punition de nos péchés. »

Vénération du saint Religieux.

A partir de ce moment, l'éloge du P. Sérane courut de bouche en bouche. Les lettres écrites à cette époque sont pleines des événements de sa vie et de sa glorieuse mort.

Après avoir descendu ses restes dans le caveau préparé pour sa sépulture, et que la tradition place devant la chaire, on grava sur la pierre tombale l'épitaphe qui suit :

VIRTUTE, ZELO, VERBO ET OPERE CLARUS,
JOANNES SERANE, PRESBYTER OLIM E SOCIETATE JESU
OBIIT DIE XVII APRILIS ANNO 1784

Illustre par sa vertu, son zèle, sa parole et ses œuvres,
Jean Sérane, prêtre autrefois de la Cie de Jésus,
Mourut le 17 avril de l'année 1784.

Son neveu rapporte, d'ailleurs, que l'on aurait

écrit aussi, sur une plaque de plomb attachée au cercueil, quatre mots qui résument la vie de son oncle vénéré : *Pietate , charitate et sermone insignis.* — *Insigne par sa piété, sa charité, et son éloquence* (1).

Tous les éloges se rapportent à ces caractères distinctifs du serviteur de Dieu. Une lettre que publièrent *les Affiches,* journal de Toulouse (année 1784, n. 18), donne un résumé chronologique de la naissance du P. Sérane et de son entrée dans la Compagnie de Jésus ; puis elle ajoute :

... « Le P. Sérane fut chargé des soins du saint ministère dans la maison Professe de Toulouse. Lors des décrets de 1762, l'abbé Sérane, également soumis à la volonté de Dieu et aux ordres de la justice, se consacra à l'étude des Pères de l'Eglise (et aux œuvres apostoliques)... Son retour à Toulouse causa une joie universelle ; et je n'ai pas besoin de rappeler avec quelle satisfaction cette ville l'a entendu, soit dans la chaire de vérité, soit au tribunal de la pénitence. Qui pourrait oublier sa douceur et sa modestie? Jamais il ne parlait de lui ni de ses travaux : ceux qui l'approchaient étaient sans cesse surpris de son affabilité, de l'égalité de son

______

(1) Où fut enseveli le P. Sérane? Les anciens assurent que ce fut devant la chaire même, où son éloquente parole avait si souvent annoncé l'Evangile. — Le sol de la chapelle de Nazareth, aujourd'hui recouvert de bois, n'offre plus aucune marque extérieure de son tombeau. — Mais lorsque se fit ce recouvrement, on pouvait facilement constater devant la chaire un léger affaissement des dalles, qui dénotait une tombe déjà usée par le temps.

caractère et de la justesse avec laquelle il saisissait les affaires qu'on le priait d'appuyer de son crédit. Il n'est plus ce respectable confrère ; victime de son zèle, il est mort le 17 avril dernier, emportant avec lui l'estime universelle. J'en atteste, Monsieur, la pompe funèbre qui l'accompagna jusqu'au tombeau, ou plutôt l'affluence et les larmes des citoyens de tous les états, qui paraissaient amèrement affligés. Son corps repose dans l'église de Nazareth, qu'il avait toujours affectionnée. »

« L'on ne doute pas, dit une relation de sa mort, imprimée à Toulouse le mois suivant, que Dieu ne manifeste bientôt la gloire de son serviteur, et ne donne à l'Eglise la satisfaction de le compter parmi les saints dont elle célèbre la fête. »

Les premiers historiens de sa vie assurent, d'ailleurs, que le tribunal ecclésiastique de Toulouse avait commencé les procès de sa béatification (1).

« Ainsi vécut comme les élus, dit Bellouguet en terminant son *Eloge historique*, ainsi mourut de la

---

(1) Dans son supplément à la Bibliothèque des écrivains de la Compagnie de Jésus, le *P. Raymond Dieudonné Caballero* (Rome 1814) parle ainsi du P. Sérane :

Serane Joannes Perpiniani natus 9 april. 1712, socius ac in provincia Tolosana 28 sept. 1739 : Vir eximiæ pietatis, quam etiam suis auditoribus in publicis concionibus apud varias Galliæ habitis urbes, et quod potius est sanctissimis virtutum omnium exemplis, injiciendam nixus est. Tolosæ obiit summa sanctitudinis fama.

Senatus sive Parlamentum Tolosanum, prioribus decretis solutis, jussit in templo humari, hac inscriptione superposita (Voir le texte).

Tribunalia ecclesiastica Tolosana causam ejusdem apotheosis jam susceperunt. Thomas Termanini ejusdem vitam scripsit.

mort des saints le grand homme qui occupe notre souvenir. Puisse cet exemple de vertu nous mettre tous dans la voie de la grâce et nous conduire au port du salut ! Quels citoyens, isolés dans leur insensibilité, pourraient lui refuser leurs larmes, au milieu de tout ce peuple qui en mouille les images !

« Tous les arts se sont empressés de faire revivre ses traits à nos yeux, plusieurs corps respectables ont honoré sa mémoire. Que ne peuvent mes faibles efforts répandre quelques nouvelles fleurs sur sa tombe !

« Qu'il soit permis de croire que le P. Sérane est aujourd'hui au rang des saints : c'est la voix du peuple, et je n'en suis que l'écho. Cette acclamation, de sa part, est ordinairement l'effet des grands prodiges qui le frappent ; c'est ainsi que dans Rome il a canonisé un Labre. Aujourd'hui, est-ce un crime, à Toulouse, de laisser échapper de pareils transports (1) ! »

Le surlendemain des funérailles, Jean Sérane, neveu du serviteur de Dieu, écrivait à son cousin Bonaventure Frigola, pour lui communiquer sa douleur, et lui raconter le triomphe qui venait d'être fait à leur oncle vénéré. Bonaventure lui répondait en date du 28 avril :

« Je sens la grandeur de la perte que nous avons faite en perdant notre cher oncle ; je lui étais attaché dès l'enfance, moins par les liens du sang que par

____

(1) *Éloge hist.*, p. 35, 238.

une amitié des plus sincères, fondée sur la profonde vénération que j'avais pour ses vertus. Il m'avait donné, dans plusieurs occasions, des marques de sa tendresse.

« J'ai perdu un oncle, j'ai perdu un ami, un directeur que je consultais souvent. Dieu soit loué ; j'espère que le Seigneur aura couronné ses travaux apostoliques ; c'est la réflexion qui doit nous consoler de cette perte.

« J'ai communiqué votre lettre à ma sœur la religieuse de Sainte-Claire, et au P. Aurès et au P. Barrère, ex-Jésuites.

« Le détail que vous me faites sur la pompe de ses funérailles et sur la vénération dont les divers états des citoyens de Toulouse ont donné des témoignages publics m'a attendri ; mais je n'en ai pas été surpris, parce que je savais depuis longtemps combien il était aimé et vénéré dans ce pays-là, où il a exercé pendant plus de cinquante ans son ministère, et multiplié ses bonnes œuvres envers les grands et les petits.

« Vous ne me dites rien de votre mère, ma tante ; je suppose qu'elle se porte bien. Faites-lui agréer, je vous prie, mon compliment de condoléance ; de même que de la part de ma fille et de ma sœur. Ne manquez pas, mon cher cousin, de me donner de ses nouvelles et des vôtres ; je les recevrai toujours avec satisfaction.

« Perpignan, le 28 avril 1784.

« *M. Sérane, à Toulouse.* »

La peinture, la sculpture, l'éloquence et la poésie rivalisèrent, en effet, pour perpétuer le souvenir, les traits et les vertus du regretté Père que toute la ville regardait comme un saint.

« Les habitants de Suze, écrit M. l'abbé Toupin, étaient loin d'avoir oublié celui qui, pendant plusieurs années, leur avait enseigné le chemin du ciel. Aussi la nouvelle de sa mort renouvela-t-elle toute la douleur que son départ avait causée. Sa mémoire ne cessa de rester parmi eux en vénération ; ils aimèrent à raconter ses vertus, et leurs petits enfants, aujourd'hui vieillards, dont il ne restera bientôt plus un seul, nous ont transmis à leur tour ces souvenirs pieusement conservés (1). »

On multiplia les bustes et les images du serviteur de DIEU. Ses gravures furent répandues par milliers, non seulement à Toulouse, mais dans toutes les régions que le missionnaire apostolique avait évangélisées ou édifiées de sa sainte vie. Il n'est aucun vieillard qui n'assure encore aujourd'hui avoir vu dans son enfance des bustes et des gravures du P. Sérane dans presque toutes les maisons de Toulouse.

Trois types différents nous sont encore conservés.

Deux de ces images, se complétant l'une l'autre, nous montrent que les dessinateurs, dont l'un fut Gamelin, en nous conservant le profil du saint

____

(1) *Notice*, page 36.

homme, ont voulu surtout reproduire le sentiment céleste de son union avec DIEU. — La troisième, plus répandue peut-être, depuis Bollène et
Suze-la-Rousse jusqu'à Perpignan et Toulouse,
représente le P. Sérane debout sous une sorte de
portique, et s'avançant sur un chemin désert, les
mains jointes et modestement entrelacées devant lui,
la tête couverte à la fois de la calotte et du tricorne,
les yeux baissés, la figure méditative et profondément recueillie. Tout révèle en lui, ajoute M. le Curé
de Suze à qui nous empruntons ces paroles, « une
âme dont la conversation n'est pas avec la terre,
mais avec les cieux. » Ainsi devait-il parcourir les
routes de nos pauvres campagnes, et même les rues
de nos villes. On lit au bas de la gravure :

Le véritable portrait du R. P. Jean Sérane,

Autrefois de la Compagnie de JÉSUS, natif de Perpignan, en Roussillon,
recommandable par l'innocence de ses mœurs, par ses travaux apostoliques, particulièrement connus dans la ville de Toulouse, où il est décédé
en odeur de sainteté, le 17 avril 1784, inhumé le 19 dans l'église de Nazareth, par arrêt de la souveraine Cour du Parlement, âgé de soixante-
douze ans et huit jours.

Sérane avec douceur en prêchant l'Évangile,
Nous apprit à l'aimer, il en fut le tableau :
Tout un peuple en versant des pleurs sur son tombeau
Fait voir jusqu'à quel point il sut se rendre utile.

On lit au bas de l'image de Gamelin :

Gravé d'après le dessin original fait d'après nature par M. Gamelin, professeur de l'Académie de peinture de Rome, faisant le voyage de Garaison
avec MM. les Pénitents noirs de Toulouse, le 30 aoust 1772.....

« Longtemps le souvenir de la sainteté du P. Sérane, écrit une de ses nièces, s'est conservé à Toulouse; il s'y transmet encore comme une sainte tradition. Le portrait du P. Sérane est réclamé avec
impatience. Son auguste figure est moulée, et des
milliers de lithographies sont distribuées dans la
ville. On en trouve encore conservées avec le plus
grand respect et une sainte confiance. »

De son côté, le neveu du bienheureux défunt
s'était exercé à composer lui-même quelques vers sur
le portrait du P. Sérane : « Où je ne trouvais point
exprimé, nous dit-il, tout le caractère de la sainteté empreinte sur sa physionomie, ni le feu du zèle
qui l'animait. J'aurais voulu que le don qu'il avait de
parler au cœur eût respiré sur sa bouche, que la vivacité de son esprit eût brillé dans ses yeux. J'eusse
demandé qu'on y eût reconnu l'homme dont les discours et les écrits attaquaient avec tant d'avantage
le vice et l'incrédulité. Enfin, ce front qui se couvrait
de la rougeur de l'humilité au moindre éloge, aurait
dû être paré de ce qui faisait proprement le caractère de sa vertu. C'était sans doute trop exiger du
ciseau, du pinceau et surtout du burin par quelque
habile main qu'eût été conduit celui-ci. Mais la vive
image qui remplissait mon âme rendait imparfaits
à mes yeux les plus beaux ouvrages de l'art (1). »

Ces images étaient surtout vénérées par les âmes

(1) Notes de M. Jean Sérane, trouvées dans ses papiers après 1793.
— Voir pièces justificatives, n° VI.

pieuses. Plusieurs grâces furent accordées à leur foi, à la confiance qu'elles avaient dans la vertu du bienheureux. Des miracles avaient été opérés par lui dans le cours de ses missions ; il y en eut après sa mort.

« On en raconte plusieurs, écrit sa nièce, que de témoignages nombreux rendent authentiques. Il est à regretter que les formalités requises pour leur publication n'aient pas été remplies ! Cela n'est pas surprenant à une époque de désorganisation religieuse et sociale, où le bien semblait être enfoui avec précaution, les actes pieux cachés avec scrupule, et les vrais serviteurs de Dieu errants et dispersés dans notre malheureuse France.

« Si le bienheureux Sérane n'est pas honoré publiquement, on peut néanmoins publier sa vertu et les prodiges qui la signalent. La Providence a ses secrets ; elle nous cache une partie de ses trésors du ciel, pour les dévoiler plus tard à nos âmes ravies. »

Citons encore le témoignage de son neveu, toujours plein des souvenirs de sainteté de son oncle bien-aimé :

« Ce qui étonne le savant comme l'ignorant, ce qui confond les esprits prétendus forts, ce qui, sans doute, est une marque de sainteté, ce sont les miracles.

« Il n'est pas parlé, dans « l'Éloge historique » du P. Sérane, de ceux qu'il a pu opérer ; mais le peuple de Toulouse parle de plusieurs comme d'une chose

avérée. J'ai vu plusieurs personnes marcher libre-
ment et se trouver bien portantes, qui, la veille,
d'après leur aveu formel et le témoignage de ceux
qui les connaissaient, étaient impotentes ou malades.
On parle surtout du pauvre estropié à qui il donna
son mouchoir, lequel guérit ses membres dès qu'il
l'en eut enveloppé. »

« On parle encore de ce jeune incrédule de.... qui
se moquait des missions qu'il donnait; et qui, étant
subitement tombé malade et sérieusement attaqué,
eut recours à ses prières et en obtint une prompte
guérison. — M. de Montagnac rapporte la guérison
miraculeuse d'une religieuse, à qui il faisait toucher
la relique de saint François Régis, mais qui invoquait dans le fond de son cœur l'intercession et les
mérites du P. Sérane; de manière qu'on peut dire
que Dieu sembla accorder cette faveur aux mérites
de tous les deux.

« Son calme, au péril de la mort, était admirable;
il en riait lui-même, mais en chrétien. — Son mépris
pour les calomnies, que l'imposture pouvait débiter
contre lui, était extrême; ou plutôt, il les pardon-
nait chrétiennement : « Faire son devoir, disait-il,
et puis rire du bavardage du monde. »

« Son recueillement dans la prière était bien grand.
Il priait à genoux souvent, longtemps, avec une
effusion de cœur qui l'emportait vers Dieu, et lui en
faisait sans doute recevoir les faveurs ineffables que
les maîtres de l'oraison mentale assurent qu'il départ à ses bien-aimés.

« Son zèle était à l'épreuve de la fatigue ; il ne se refusait jamais à ceux qui avaient besoin de lui. Il restait chaque jour, bien longtemps, au confessionnal. Il craignait aussi peu les maladies que le travail, et volait intrépidement auprès des malades expirants ou même contagieux.

« Son amour pour la mortification était porté à un grand point. Certains jours de la semaine, et à certaines heures, il s'enfermait soigneusement, et il n'est pas à douter qu'il ne pratiquât alors les macérations les plus rudes. Les instruments de pénitence que j'ai trouvés après sa mort l'attestent assez. »

Ceux qui le revêtirent des vêtements sacerdotaux purent en effet reconnaître et compter les cicatrices causées par ses fréquentes flagellations. Son corps était encore macéré par les aspérités du cilice.

« Ses travaux apostoliques, ses travaux de cabinet, ses travaux pour sa famille ou en faveur de ceux qui sollicitaient son secours, semblaient multiplier l'ardent missionnaire. Il avait toutes les vertus d'un parent, d'un ami ; le dévouement d'un grand homme, la charité d'un chrétien, la tranquillité, la force, la constance du sage, et toutes les marques héroïques d'un saint. »

On invoquait, du reste, le P. Sérane comme tel ; non seulement on venait prier sur sa tombe, mais on avait composé des prières en son honneur.

Pour célébrer ce saint, la poésie et l'éloquence joignaient leurs sentiments et leurs plus belles expressions. Son Éloge historique, cité tant de fois, fut publié dans le mois de mai, et lu avec le plus vif intérêt par la ville entière. Il était composé par Bellouguet, jeune étudiant de Toulouse, ami intime de Jean Sérane, neveu du héros chrétien. Cet éloge, écrit dans le style un peu païen de cette époque, et donnant plus d'importance aux périodes oratoires qu'à la chronologie des faits, que l'auteur ne pouvait connaître entièrement, n'en est pas moins l'expression du sentiment général à l'égard du P. Sérane. Il nous a été d'une grande ressource pour reconstituer l'histoire de sa vie.

Cependant, quelques rares jansénistes, jaloux de la gloire rendue au saint défunt, ne purent contenir leurs sentiments indignés. L'un d'eux, voyant l'éloge chez M. Tirosquy, avocat au Parlement, osa s'écrier : « O fanatisme ! ô hypocrisie ! » — « Et quel est, lui répondit-on, le plus fanatique et le plus hypocrite, de celui qui chercherait en vain à ternir la gloire d'un héros chrétien, ou de celui qui, avec tous ses concitoyens, rend justice à ses vertus, ne fait qu'être l'écho de tout un peuple et lui prêter sa plume pour les célébrer ? »

Bien différent était à cet égard un saint religieux franciscain, le R. P. Jamelin, « jeune vieillard de quatre-vingts ans, » dit une lettre de Bellouguet, entièrement dévoué au respectable défunt, son cher P. Sérane, aux soins duquel il avait confié son âme ; et ne parlant du bien qu'il avait fait partout qu'avec enthousiasme. Dans sa reconnaissance il voulut, parmi beaucoup d'autres poètes, célébrer en vers son regretté Père ; il composa donc *La mort du Juste*, dont nous transcrivons ici quelques strophes.

Adressant d'abord ses reproches à la mort, il continue en ces termes :

Tu viens de m'enlever, d'une main meurtrière,
Un Père dont les jours m'étaient si précieux ;
Je voulus te calmer par une humble prière,
Rien ne put arrêter tes coups audacieux.

Sérane n'est donc plus, cet ami si fidèle !
Il est perdu pour moi ; c'en est fait ; plus d'espoir.
Mille fois dans le jour vainement je l'appelle ;
Il ne peut plus m'entendre et je ne puis le voir !

Mon esprit est rempli de troubles et d'alarmes,
Et je ne goûte pas le repos d'un moment !
Je contrains mes regrets, mes soupirs et mes larmes ;
Un souvenir trop cher m'est un affreux tourment.

Dans mon rigoureux sort, ô ciel, je vous implore !
Venez à mon secours, apaisez ma douleur ;
Remplissez vos desseins et vos lois que j'adore ;
Et que Sérane vive au milieu de mon cœur.

O Père tant aimé, quelle est ta destinée ?
Pour ranimer mon âme annonce ton bonheur.
Jouis-tu dans le ciel de la paix fortunée,
Des torrents de plaisir que départ le Seigneur ?

Si ta belle âme encor n'approche de la gloire,
Je saurai t'y porter dans l'ardeur de mes vœux.
Que ne ferai-je pas pour hâter ta victoire ?
C'est tout ce que je dois ; c'est tout ce que tu veux.

Par un Religieux Franciscain qui avait confié son âme
aux soins de ce respectable défunt.

Quelques-uns, voyant la grande réputation de sainteté qui se répandait partout et volait de bouche en bouche (1), n'hésitèrent pas, pour satisfaire leur dévotion particulière, à composer un *Petit office* en l'honneur du P. Sérane. Nous en avons pu retrouver une copie.

Les *Heures* de cet office font passer successivement sous nos yeux les divers âges et les divers états, où le serviteur de Dieu avait édifié et charmé les hommes par les parfums de ses vertus ; elles nous en font demander l'imitation :

« Dieu puissant et bon, redisaient les âmes pieuses, qui dans des temps orageux, au milieu des ténèbres du vice et de l'erreur, avez voulu tracer à votre serviteur Jean Sérane le sentier qui mène à votre possession : en lui donnant votre pauvreté pour guide, votre croix pour appui ; conduisez-nous aussi dans cette voie, où seul vous serez notre maître et notre éternelle fin ! »

Aussi bien, les fidèles de Toulouse aimaient à se

---

(1) Cette réputation s'étendait dans toute la France. En 1792, l'imprimerie Crapart publiait à Paris des *Neuvaines en l'honneur des saints de la Compagnie de Jésus*. L'éditeur attribue la Neuvaine en l'honneur de saint François Régis au P. Pierre-Jean Cayron, « ce célèbre maître des Novices de la province de Toulouse, dont la vie fut écrite par le P. Sérane ; » et il ajoute immédiatement : « Les vertus du P. Sérane et la sainteté de sa mort ont fait une trop grande sensation dans ces derniers temps pour que nous croyions nécessaire d'en parler. Nous en concluons seulement que le P. Sérane devait écrire la vie du P. Cayron, comme le P. Cayron lui-même a prouvé qu'il était digne de parler de saint Régis. »

transporter sur la tombe du vénéré Père dans la pieuse église de Nazareth, recommandant à son intercession les grâces les plus précieuses et les plus chères à leur cœur ; ils s'en retournaient exaucés. Ce concours dura jusqu'aux époques néfastes qu'avait prédites le serviteur de DIEU ; car les sanctuaires furent fermés, cette année surtout où l'enfer put en quelque sorte régner en maître sur notre malheureuse patrie. Cette année-là, le neveu du P. Sérane, nommé Jean comme lui, victime des décrets sommaires de la Convention, portait, à Paris même, sa tête sur l'échafaud, donnant ainsi au nom de Sérane, qui s'éteignait avec lui, la gloire de la victime tombée sous le glaive des méchants (1).

Ces pages s'imprimaient encore, que le *Messager du Cœur de* JÉSUS, toujours empressé de glorifier les Amis de ce divin Cœur, surtout quand ils paraissent environnés de l'auréole apostolique, voulait déjà résumer pour ses nombreux lecteurs, à l'occasion du centenaire, notre modeste travail.

(1) Jean-Louis-Albert Sérane avait embrassé, comme son père, la profession d'avocat. Thérèse, sa fille unique, épousa Joseph Lazerme. Celui-ci, étant député des Pyrénées-Orientales en 1828, seconda de tout son pouvoir la vénérable Mère Barat dans la fondation d'un couvent du Sacré-Cœur à Perpignan. Dieu l'en récompensa en appelant, d'une façon vraiment merveilleuse, sa fille cadette Jenny à la vie religieuse dans cette congrégation. (Note de M. l'abbé Toupin.)

V. Pièces justificatives, nº II.

Sous la plume pieuse du R. P. Jules Anglade, dont le style si pur et si vif est aujourd'hui bien connu, ce travail a pu trouver une valeur qu'il n'aurait jamais eu par lui-même. Nous devons l'en remercier ici, et pour la gloire qu'en recevra le P. Sérane dans tout l'univers catholique, et pour les fruits de bénédiction qu'il fera germer dans les cœurs.

Aussi ne saurions-nous mieux terminer cette humble notice qu'en reproduisant les paroles par lesquelles le R. P. Anglade termine lui-même son article dans le numéro d'avril 1884 :

« Toulouse a beaucoup changé depuis cent ans. La chapelle de Nazareth se trouve au cœur de la ville. En suivant la rue du Vieux-Raisin pour se rendre au Palais de Justice, on voit déboucher à gauche une ruelle sombre et irrégulière, comme la plupart des vieilles rues de Toulouse. Vers le milieu, un bâtiment très haut, dépourvu de style, mais dont le caractère religieux est suffisamment indiqué par de grandes fenêtres grillées et une porte à sculptures ogivales surmontée d'une croix.

« Des couronnes, des guirlandes de fleurs et de buis, muette protestation de la foi outragée, ornent avec profusion le modeste arceau. N'essayez pas de pénétrer : on n'entre plus. C'est bien le sanctuaire de Notre-Dame de Nazareth, et en passant devant cette porte, la pieuse population du quartier se signe toujours dévotement ; mais depuis trois ans et plus, les chapelains ont été expulsés et les scellés apposés

sur l'entrée de l'église. Ces chapelains, sages directeurs, missionnaires éloquents et zélés, avaient
le tort impardonnable d'appartenir à un Institut
approuvé et béni par la sainte Église de Dieu, mais
qui n'avait point demandé d'autre assentiment : la
Congrégation des Prêtres du Sacré-Cœur, fondée
par le cardinal d'Astros, et naguère encore dirigée
par le penseur, l'écrivain, l'orateur puissant dont
Toulouse portera longtemps le deuil, le R. P. Caus-
sette.

« C'est là, dans ce sanctuaire proscrit, que repose
le P. Sérane.

« Son buste, son portrait, multipliés à profusion
pour satisfaire la piété des fidèles, occupèrent une
place d'honneur dans les hôtels somptueux comme
dans la demeure du pauvre.

« Ces temps ne sont plus. L'humilité du P. Sérane a pris sur ces hommages flatteurs une entière
revanche.

« Les images du bon Père, encore très répandues,
excitent l'étonnement plutôt que le respect des jeunes générations : on y trouve l'austérité, on y chercherait en vain cette expression d'amabilité et de
gaîté sainte dont les contémporains du P. Sérane
ont parlé avec admiration.

« Pour désigner quelqu'un qui porte dans toute
son attitude une modestie irréprochable, les véné-
rables aïeules disent encore de nos jours, à Toulouse : « *Il marche comme le Père Sérane !* » Mais
leurs petits-enfants ne comprennent guère l'allusion,

et le pieux souvenir que renferme ce proverbe toulousain est perdu pour eux.

« Verrons-nous se rétablir le courant de foi et de confiance qui portait jadis les fidèles à invoquer le P. Sérane, à implorer par son intercession les faveurs du ciel ? Nous le souhaitons vivement, et les nombreuses demandes adressées depuis deux ans au P. Cayron par la piété publique nous donnent plus d'une espérance.

Verrons-nous la chapelle de Nazareth se rouvrir enfin, recevoir à flots pressés les dévots admirateurs du saint missionnaire, et rendre à leur vénération les restes précieux que ses dalles recouvrent depuis cent ans ? Nous l'espérons aussi. Mais ce beau jour que nous attendons, que nous appelons de tous nos vœux, est-il près de se lever sur nous ? DIEU seul le sait. »

Ce que nous savons bien, c'est que DIEU conserve les ossements des saints, et que sa providence n'en laisse pas périr un seul : DOMINUS *custodit ossa sanctorum ; unum ex his non conteretur.*

La parole du Psalmiste vient encore de se réaliser à Toulouse pour le vénéré P. Pierre-Jean Cayron ; nous croyons qu'elle peut se réaliser aussi pour le P. Jean Sérane, son disciple, son historien, et le fidèle imitateur de ses héroïques vertus.

PIÈCES JUSTIFICATIVES

I

Copie de l'extrait de Baptême que le P. Sérane remit au P. Cayron en entrant au Noviciat de Toulouse.

Extrait des registres baptistaires de l'église majeure et paroissiale de Saint-Jean, de la ville de Perpignan en Roussillon, dioceze d'Elne.

Le douze d'avril de l'an mil sept cent douze a esté baptizé par le très révérend Joseph Rabell, prestre, curé de la présente église de Saint-Jean de dite ville, Jean Sérane, fils légitime et naturel du sieur Louis Sérane, marchand, et de demoiselle Marie, son épouse, né le neuf dudit mois et an, a esté parrain Moïsis Sicard, marchand, et marraine Marie Frerche, lesquels requis de signer, le parrain avec dit curé ont signé à l'original.

En foy de quoy nous avons donné le présent extrait, signé de nostre main et scellé du scel de nostre église.

Fait à Perpignan, ce 17me novembre 1729.

J. Douanes, prestre,
Curé de Saint-Jean de Perpignan.

Place du sceau
représentant saint Jean
baptisant Notre-Seigneur.

André Cappot, « conseiller du Roy, » a légalisé la signature du curé de Saint-Jean, le 18 novembre 1729.

5.

II

Les *Notes généalogiques* développées ici ont pour but principal de faire ressortir, dans la nombreuse parenté du Père Jean Sérane, la bénédiction visible du Seigneur, excitant et conservant en elle les sentiments de la foi catholique ; choisissant parmi ses membres, toujours si dévoués à Dieu, des lévites, des religieux et des saints.

---

1. — Famille Sérane-Lazerme.

La tradition donne aux Sérane une origine très ancienne ; elle les fait descendre des Romains, dont les colonies peuplèrent le midi de la Gaule. Cette origine expliquerait ainsi le cachet dont furent revêtues les lettres de certains membres de cette famille. Il représente une sorte de *sigillum* à forme archaïque, entouré de caractères grecs.

Le nom même de Sérane est évidemment d'origine romaine. Ce fut le surnom du célèbre Q. Cincinnatus que Virgile fait glorifier par Anchise dans les Champs-Élisées : *Et te sulco, Serrane, serentem* (En. vi, 845). Silius Italicus l'applique au fameux Attilius Regulus, illustre par son dévouement et sa foi jurée à Carthage. Sa famille porta toujours ce surnom : *Serranus, clarum nomen, tua, Regule, proles.* Ce nom revient souvent dans les auteurs latins : *Serranos Curiosque tulit* (Manil.). *Et juvenem Serranum* (Virg.).

Ce qui ne laisse aucun doute, c'est que la famille Sérane donna très anciennement des professeurs à l'Université de Montpellier, dont l'un était qualifié « Comte de droit ; » qu'on voit encore à la Faculté de médecine de la même ville le portrait d'un ancien Sérane, professeur et conseiller du roi ;

et que les ancêtres du P. Sérane étaient inscrits dans l'Armorial officiel de France de 1696, qui indiquait leurs armoiries.

Des revers de fortune engagèrent probablement Louis Sérane à quitter le Languedoc pour s'établir en Roussillon, où il vint demander au commerce le relèvement de sa fortune. Il y réussit assez pour constituer à sa fille Françoise, en 1746, une dot de onze mille livres, lorsqu'elle fut donnée en mariage à Étienne Vermell, avocat au Conseil souverain du Roussillon. Il avait, du reste, cinq enfants, dont deux fils aînés, Louis et Jean Sérane, duquel nous écrivons la vie.

Jean trouvait donc dans sa famille, non seulement la fortune qui venait d'y rentrer, mais encore un héritage ancien de considération et d'honneur qui aurait pu l'élever très haut dans le monde ; au-dessus de ces biens, il avait reçu de Dieu les dons de l'intelligence et du cœur. Mais Dieu lui donnait aussi sa grâce, qui lui fit sacrifier avec joie tous ces avantages terrestres, et laisser toute sa fortune à son frère Louis, pour entrer, en 1729, dans la Compagnie de Jésus.

Plus tard, il est vrai, la suppression de son Ordre le rendit à la possession de ses biens ; il ne parut y penser que pour les léguer à son neveu Jean-Albert Sérane, que son frère avait eu de Thomase Ferriol.

Ce même neveu du P. Sérane, avocat lui aussi au Conseil souverain du Roussillon, fut fait par la Constituante chef d'administration de cette province en 1789, et périt en 1793, en portant sa tête sur l'échafaud. Il avait eu pour fille Thérèse Sérane qui épousa Joseph Lazerme. D'elle naquit Mlle Jenny Lazerme, arrière-petite-nièce du P. Sérane, qui se fit religieuse du Sacré-Cœur, et rappela par sa piété et sa sainte mort les vertus héroïques de son oncle.

Nous raconterons ici quelques traits de sa pieuse vie qu'a bien voulu nous communiquer Mme de Montravel, Supérieure actuelle de la Maison de Toulouse. Ces détails sont tirés de la

Vie de la vénérable Mère Barat, et de la petite Notice écrite après la mort de la bonne Mère Lazerme.

La bonne Mère Jenny Lazerme naquit à Perpignan, le 24 juin 1822, d'une des familles les plus distinguées et les plus estimées de la province pour son dévouement à toutes les grandes et saintes œuvres; Jenny reçut de sa pieuse mère l'amour pour l'Église et les membres souffrants de Jésus-Christ. Il plut au Seigneur de manifester ses desseins sur cette enfant qui, plus tard, en traça le récit de sa propre main.

« J'avais à peine six ans, dit-elle, et je ne connaissais pas du tout le Sacré-Cœur ; je n'en avais jamais entendu parler et il n'en existait pas de maison à Perpignan, lorsqu'un prêtre, qui logeait chez mon père, me demanda un jour ce que je voulais être. Je répondis sans hésiter : Religieuse.

« — Et de quel Ordre ? reprit-il.

« — Oh! ce n'est pas de Sainte-Claire ni de la Miséricorde, (les seules Communautés que je connusse alors), mais dans un Ordre dont je ne sais pas le nom, où l'on sera comme Jésus, et où l'on fera du bien aux autres.

« Je voulais dire dans un Ordre mixte. Disant cela, je crois voir passer devant moi une religieuse que je n'avais jamais vue, dont le costume m'était inconnu. Elle jeta sur moi un regard pénétrant que je ne saurais décrire et ne resta là qu'un instant.

« Depuis cette époque, j'aimais à aller seule dans cette chambre et à y prier. Quelque temps après, une Maison du Sacré-Cœur fut fondée à Perpignan. J'obtins de mon père d'y entrer pour faire ma première communion, et bientôt j'y tombai malade. Un jour, j'étais couchée à l'infirmerie, ignorant que la vénérée Mère Fondatrice du Sacré-Cœur fût arrivée à Perpignan avec la Mère de Liminighe. Tout à coup la porte s'ouvre, et quel n'est pas mon étonnement de voir s'approcher de mon lit celle que j'avais cru apercevoir à l'âge de six ans... C'était bien elle-même ; elle posa ses deux mains sur ma tête, et, sans que j'eusse encore prononcé un seul mot, elle répondit à ma pensée la plus secrète : « Oui, Jenny, vous serez *nôtre* un jour, « vous ferez votre première communion et toutes vos classes au Sacré- « Cœur, et puis, *toute à* Jésus, toujours ! » Je ne sus répondre que par un sourire, tant j'étais émue et surprise. »

A dater de ce moment, la santé de Jenny ne donna plus d'inquiétudes.

Son entrée au Noviciat fut retardée par la perte d'une sœur chérie.

Ce ne fut qu'à vingt-cinq ans qu'il lui fut permis de suivre son attrait pour la vie religieuse.

A la fin de sa vie, ne pouvant plus travailler et réduite à faire seulement quelques surveillances muettes, on l'entendait répéter : « Oh ! que je suis heureuse de mon rien. » Au moment de recevoir le saint Viatique, la malade fit les plus humbles réparations et ajouta : « Je ne saurais dire ma joie et ma reconnaissance de mourir dans la Société du Sacré-Cœur. Depuis ma plus petite enfance, je n'y ai goûté que le bonheur ; j'en remercie avec effusion le Cœur de Jésus, notre Très Révérende Mère, et la Société. » Au milieu de ses crises, on l'entendait répéter le mot du P. de Tournely : « Calme du ciel ! calme du ciel ! »

Elle mourut le 29 janvier 1878, âgée de cinquante-quatre ans.

———

La famille Lazerme est aujourd'hui représentée à Perpignan par M. Charles Lazerme, frère de la Mère Jenny, et par MM. Joseph Lazerme son fils et Carlos Lazerme son petit-fils.

De concert avec la famille Frigola-Vassal, dont nous donnons aussi la généalogie, elle continue les traditions religieuses de ses ancêtres par la vivacité de sa foi, son dévouement aux Œuvres de l'Église, et son désir ardent de glorifier le Père Sérane.

(*V. les lignes généalogiques.*)

———

2. — Famille Frigola-Sérane.

Le nom de Frigola se trouve dans les livres et actes publics de Perpignan et d'Arles dès les seizième et quinzième siècles. Des notaires, des vice-chanceliers et des commerçants honorèrent ce nom en 1550 et 1585.

En 1606, le Révérend Hippolyte Frigola était prieur titulaire du chapitre de Corneilla-de-Conflent. Un testimonial de

Michel Frigola contient les actes baptistaires ou obits d'Angel, Joseph et Michel Frigola, de 1612 à 1652.

Du fils d'Angel, Joseph, et de Marie de Joan naissent Joseph, prêtre et docteur en philosophie, Mathieu, prêtre et docteur en théologie, tous deux bénéficiers à Saint-Jean, et Michel, héritier du père. Mathieu, né à Sorède, lorsque la peste régnait à Perpignan, eut pour marraine une dame Ignace de Béarn et de Foix. Fait prêtre vers 1677, il fonda, en 1707, par acte notarié, les offices de Matines pendant l'Octave de la fête du Saint-Sacrement, et mourut en 1708. Il fit peindre un grand tableau de saint JOSEPH, conservé encore dans la famille Frigola-Vassal.

Michel fut marié en 1677 à Marguerite Sampé, nièce d'un chanoine d'une famille qu'on put appeler lévitique. Il en eut trois enfants, deux filles et un garçon, nommé aussi Joseph, qui épousa Marianne Comte. De ce mariage naquirent douze enfants dont sept survécurent, et presque tous, le livre de famille l'atteste, furent élevés dans les couvents ou les pensions religieuses. Leur fille aînée, Marie-Thérèse, épousa M. François Simon, docteur médecin, dont le fils Félix fut avocat.

Mais de son côté, leur fils aîné Bonaventure Frigola épousait Mlle Marie-Thérèse Sérane, et s'alliait ainsi à la famille de notre saint religieux, dont son épouse, Marie-Thérèse, était la sœur. Bonaventure et le Père Jean furent liés, dès leur enfance, d'une intime et sainte amitié. Comme son père Joseph, il fut administrateur de l'hospice de la Miséricorde, régidor de la Confrérie du Précieux-Sang, de celle du Saint-Nom de JÉSUS, et de celle de Notre-Dame de la Soledad. — Il fut nommé consul de la ville de Perpignan en 1771, lieutenant de la bourgeoisie en 1772, marguillier de la cathédrale et notable bourgeois en 1779, par le bureau d'administration du Collège royal.

Sa sœur aînée, Marie-Thérèse, était entrée au couvent des Clarisses de Perpignan, le 31 mai 1754. Elle reçut le nom de Sœur Séraphine. Le P. Sérane, dans ses lettres, se recommande souvent à ses prières. Elle mourut le 6 juin 1787.

D'autre part, Marie-Thérèse Sérane étant morte, Bonaventure épousait en secondes noces Sylvie Cabanis, qui lui donna sept enfants, dont l'aînée, Marie-Rose, entra comme sa sœur chez les Dames Clarisses, le 18 décembre 1766, sous le nom de Sœur Angélique. Elle y mourut le 14 décembre 1770 (1).

La foi était donc profonde dans la famille Frigola. Une preuve frappante en est dans cette germination sacerdotale et religieuse qui s'y perpétue à travers les générations. Dieu lui ménageait des alliances avec des familles où la foi poussait aussi de profondes racines, et produisait pour le Seigneur des servantes dévouées et des ministres selon son cœur. Ses représentants savaient trouver Dieu dans tous les actes de la vie. On lit encore dans le livre de famille la formule chrétienne dont se servait le mari de Mlle Sérane pour inscrire la naissance de ses enfants : « Aujourd'hui... tel jour... telle année, le Seigneur nous a donné un fils. »

Bonaventure Frigola-Sérane, dont les sœurs revêtirent la bure des Clarisses, épousa Mlle Anne Reynier, dont un frère fut prêtre, attaché à la cathédrale ; et l'oncle, l'abbé Reynier, était, en 1750, procureur de la Communauté des Prêtres dans cette même église.

De cette union, il ne survécut que des filles. L'aînée, Marie-Anne, épousa Jacques Vassal. — Son frère, l'abbé Jean Vassal, était curé de Saint-Jacques de Perpignan, lorsque la Révolution éclata. Au retour de l'émigration, il reprit son poste ; et lorsque sa mort arriva, le 15 juin 1816, il avait tellement

____

(1) La famille Frigola faisait célébrer tous les ans, le troisième dimanche de juillet, la fête de sainte Polybie, dont le chef était vénéré dans la chapelle des Clarisses. Cette sainte, était cousine de sainte Ursule, et l'une de ses onze mille compagnes. L'abbesse du monastère de Cologne avait donné cette relique insigne à M. Barthélemy de Llobera, lieutenant du protonotaire de Charles-Quint. Son frère Louis en fit don au couvent de Sainte-Claire, le 29 août 1543. Munie de son authentique sur parchemin, cette relique fait partie aujourd'hui du trésor de la cathédrale de Perpignan. — Dans les registres de la famille Frigola, sainte Polybie est qualifiée de « notre patronne. »

gagné l'affection de ses paroissiens, qu'ils allèrent, durant la nuit, déterrer son corps du cimetière pour l'ensevelir dans un caveau de l'église qu'il avait lui-même restauré et agrandi.

Jacques Vassal et Marie-Anne Frigola n'eurent que trois enfants, un garçon et deux filles. Leur fils Bonaventure épousa une cousine germaine, Marguerite Coder Frigola, fille de Polybie Frigola. En sorte que le sang des Frigola domina dans leur nombreuse famille.

La sœur aînée de Marguerite Coder, Thérèse, entra dans la Congrégation des Dames du Sacré-Cœur, et mourut au couvent de Sarria, dans les environs de Barcelone. — Leur père, Joseph Coder, qui comptait aussi des prêtres dans sa famille, fut un excellent chrétien, et mourut victime de son dévouement au Sacrement de l'autel. Il voulut accompagner avec un flambeau le saint Viatique porté par le curé dans la demeure d'un pauvre : le plancher s'écroula, et le pied d'un meuble lui fracassa le crâne ; les autres assistants n'ayant eu que des contusions. — Sa femme était considérée comme une sainte. — Leur petite fille, Polybie Coder, est morte clarisse au cou-de Perpignan, en 1879.

Des douze enfants Vassal-Coder, deux sont entrés dans le sacerdoce. L'aîné des deux, Bonaventure, est encore aujourd'hui aumônier du couvent des Clarisses où sa cousine est morte ; le second, Théophile, distingué par ses talents et ses vertus, est mort curé de Pézilla, dans les Pyrénées-Orientales (1). Ce saint prêtre fut comme foudroyé à la nouvelle de la mort de Pie IX ; il l'annonça en chaire, en versant des larmes ; et, peu de jours après, à l'âge de trente-huit ans, il rendit sa belle âme à Dieu, victime de son amour pour l'Église et de son dévouement à ses frères, le 20 février 1878.

Leur frère aîné, Jacques Vassal, est aujourd'hui marié à Mlle Blanche Devaux, dont la Sœur Pauline, religieuse du Sacré-Cœur, est morte au couvent de Pau. — Leur cousine ger-

(1) On possède à Pézilla, et l'on montre à la vénération des fidèles cinq hosties sauvées au moment de la Révolution, et miraculeusement conservées depuis cette époque.

LIGNES GÉNÉALOGIQUES

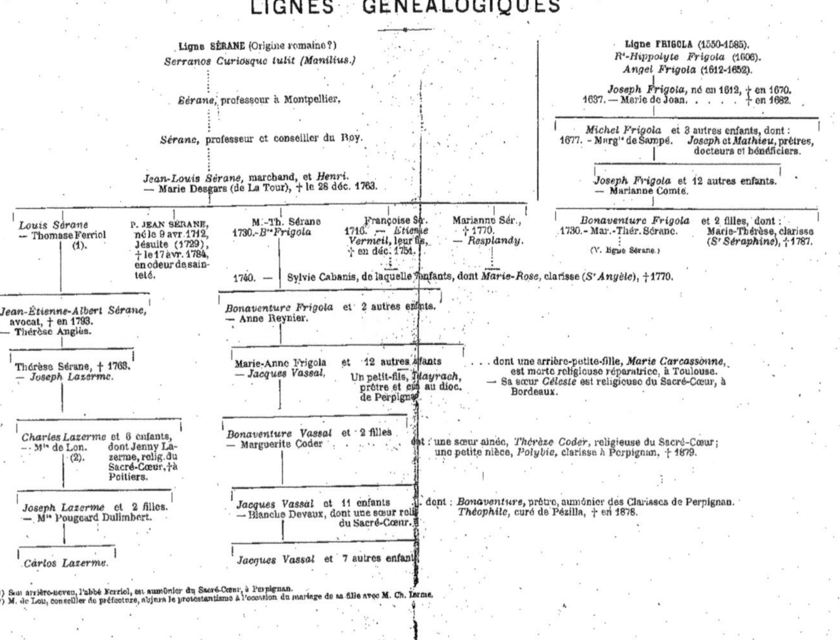

Ligne SÉRANE (Origine romaine?)
Serranos Curiosque tulit (Manilius.)

Sérane, professeur à Montpellier.

Sérane, professeur et conseiller du Roy.

Jean-Louis Sérane, marchand, et *Henri*.
— Marie Desgars (de La Tour), † le 28 déc. 1763.

Ligne FRIGOLA (1550-1585).
R⁴-Hippolyte Frigola (1606).
Angel Frigola (1612-1652).

Joseph Frigola, né en 1612, † en 1670.
1637. — Marie de Joan. . . . . . † en 1682.

Michel Frigola et 3 autres enfants, dont :
1677. - Marg'' de Sampé.   *Joseph* et *Mathieu*, prêtres,
docteurs et bénéficiers.

Joseph Frigola et 12 autres enfants.
— Marianne Comte.

Bonaventure Frigola et 2 filles, dont :
1730.- Mar.-Thér. Sérane.   Marie-Thérèse, clarisse
(S' Séraphine), †1787.
(V. ligne Sérane.)

Louis Sérane
— Thomase Ferriol
(1).

P. JEAN SÉRANE,
né le 9 avr. 1712,
Jésuite (1729),
† le 17 avr. 1784,
en odeur de sain-
teté.

M.-Th. Sérane
1730.-B'' Frigola

Françoise Sé.
1716. — *Étienne*
Vermeil, leur fils,
† en déc. 1754.

Marianne Sér.,
† 1770.
— Resplandy.

1740. — Sylvie Cabanis, de laquelle 7 enfants, dont *Marie-Rose*, clarisse (S' Angèle), †1770.

Jean-Étienne-Albert Sérane,
avocat, † en 1793.
— Thérèse Angliès.

Bonaventure Frigola et 2 autres enfants.
— Anne Reynier.

Thérèse Sérane, † 1763.
— *Joseph Lazerme*.

Marie-Anne Frigola et 12 autres enfants
— *Jacques Vassal*,   Un petit-fils, *Mayrach*,
prêtre et c'' au dioc.
de Perpignan.

. . . dont une arrière-petite-fille, *Marie Carcassonne*,
est morte religieuse réparatrice, à Toulouse.
— Sa sœur *Céleste* est religieuse du Sacré-Cœur, à
Bordeaux.

Charles Lazerme et 6 enfants,
— M'' de Lon.   dont Jenny La-
(2).   zerme, relig. du
Sacré-Cœur,†à
Poitiers.

Bonaventure Vassal et 2 filles
— Marguerite Coder

dont : une sœur aînée, *Thérèze Coder*, religieuse du Sacré-Cœur;
une petite nièce, *Polybie*, clarisse à Perpignan, † 1879.

Joseph Lazerme et 2 filles.
— M'' Pougeard Dulimbert.

Jacques Vassal et 11 enfants
— Blanche Devaux, dont une sœur relig.
du Sacré-Cœur.

dont : *Bonaventure*, prêtre, aumônier des Clarisses de Perpignan.
Théophile, curé de Pézilla, † en 1878.

Carlos Lazerme.

Jacques Vassal et 7 autres enfants.

(1) Son arrière-neveu, l'abbé Ferriol, est aumônier du Sacré-Cœur, à Perpignan.
(2) M. de Lon, conseiller de préfecture, abjura le protestantisme à l'occasion du mariage de sa fille avec M. Ch. Lazerme.

maine, Mlle Julia, est assistante de la Mère abbesse du monastère des Clarisses de Millau. — Un petit-fils de Bonaventure
Frigola, l'abbé Talayrach, curé d'une importante paroisse du
diocèse de Perpignan, y dépense toutes ses ressources pour
faire prévaloir l'enseignement chrétien, en élevant une maison
d'éducation dirigée par les Frères, une autre pour les filles,
confiée à des Sœurs.

- Deux petites filles d'une autre sœur, Thomase Frigola,
épouse de Jean Carcassonne, ont aussi quitté le monde pour
suivre JÉSUS-CHRIST. L'aînée, Marie, est morte religieuse au
couvent des Réparatrices, à Toulouse; et Céleste, la plus
jeune, est religieuse du Sacré-Cœur, à Bordeaux.

Ainsi, sous la protection du vénéré P. Sérane, la grâce
divine maintient, dans ces familles nombreuses et privilégiées,
la lumière de la foi et le feu sacré de l'abnégation, du dévouement à l'Église et au prochain.

III

Conseils du Vénéré Père Cayron au F. Jean Sérane, sortant du Noviciat pour aller au Collége d'Aurillac.

———

Ce qu'il faut éviter :

1º La familiarité de ceux qui paraissent moins réguliers ; il sera aisé de les reconnaître par leurs paroles et par leurs actions ;

2º Un certain entêtement de faire des visites et d'en recevoir des parents des écoliers ; si ce sont des personnes d'une grande qualité, on peut les visiter une ou deux fois l'année. Pour les autres, il n'y a aucune incivilité à ne leur rendre point la visite ;

3º La lecture des romans, des comédies, des autres livres de cette nature ; il n'est rien de plus contraire à la dévotion ;

4º Une petite vanité dans la tenue extérieure et les soins de sa personne ;

5e La familiarité avec les écoliers ;

6º La négligence sur sa conduite intérieure ; une espèce d'abandon à son naturel.

Ce qu'il faut pratiquer :

1e Une grande fidélité à s'acquitter de tous les exercices spirituels, méditations, examens généraux et particuliers, lectures, chapelets ;

2º La promptitude à servir les messes, quand il sera marqué ou appelé pour cela ;

3e La dévotion à faire de temps en temps quelques communions extraordinaires, comme les fêtes commandées, les jours des saints Patrons du mois et de l'année, les fêtes de la sainte Vierge qui ne sont pas commandées ;

4º La confiance envers les supérieurs, et une grande ouverture de cœur à leur égard, comme aussi à l'égard des Pères spirituels ;

5º La charité et l'honnêteté envers tous les nôtres, cachant leurs défauts, leur déférant et les préveuant en tout ;

6º L'exactitude à se lever à quatre heures, à garder le silence, la règle de parler latin, celles qui défendent de toucher les autres, et d'entrer dans leurs chambres sans permission ;

7º La mortification, n'omettant jamais les pénitences permises, soit à la chambre ou au réfectoire ; et en demander même d'extraordinaires ;

8º Un grand attachement à l'étude, ayant toujours en vue la plus grande gloire de Dieu ;

9º Une grande exactitude à quitter l'étude quand l'obéissance nous emploie à d'autres choses, à l'exemple du P. Canisius qui disait ces belles paroles, que tous les religieux qui sont occupés aux exercices de l'étude devraient avoir parfaitement gravées dans le cœur : *Valeant studia*, dit-il, *si ab his avocat obedientia cui me totum debeo ;* je renonce volontiers à toutes sortes d'études, si l'obéissance à laquelle je me dois tout entier juge à propos de m'en retirer ;

10º La prudence et la modération à bien conduire les écoliers, et, en particulier, les pauvres ;

11º L'humilité à s'acquitter des emplois les plus bas, et à faire l'exercice corporel constamment les jours marqués ;

12º La générosité à surmonter les respects humains et les vaines complaisances pour les autres, quand cela nous détourne de notre devoir ;

13º Récollection un dimanche de chaque mois, auquel il faudra prendre pour sujet de considération cette instruction, et examiner si on manque à quelqu'une des choses qui y sont prescrites.

IV

Lettre d'ordination du P. Jean Sérane
aux quatre mineurs.

———

ALEXANDER MILON, DEI gratia et Sanctæ Sedis apostolicæ
authoritate, Valentinensis, Episcopus et Comes, Soyonensium
Princeps, Abbas Leoncelli, necnon Regi a consiliis, etc.

Universis et singulis præsentes litteras inspectoris notum
facimus, quod nos die datæ præsentium missam et Ordines in
Pontificalibus celebrantes *in Ecclesia Patrum Societatis* JÉSU
collegii Turnonensis, dilectum nobis in CHRISTO Joannem
Serane ejusdem Societatis, filium naturalem ac legitimum
Joannis et Mariæ Desgars, diœcesis Perpinianensis, conjugum,
sufficienter capacem et idoneum repertum, ad primam clerica-
lem tonsuram, quatuorque minores Ordines, utpote a superiore
suo debite commandatum et super interstitiis dispensatum,
rite et canonice duximus promovendum, atque promovimus in
Domino : In cujus rei fidem præsentes Sigillo nostro munitas
suscripsimus, easque per secretarium nostrum Episcopalem
subsignari voluimus. Datum Turnonii, die Dominica Pente-
costes, quæ fuit decima septima mensis Maii ; anno Domini
millesimo septingentesimo trigesimo nono.

ALEXANDER, *Episcopus comes Valentinensis.*

De mandato præfati Domini mei illustrissimi
Episcopi et Comitis :

DAURELLE, *Secretarius Episcopalis.*

V

Lettre de Catherine de Russie au Roi d'Espagne.

L'on ne peut douter que le Rév. P. Sérane ne suivît, avec tout l'intérêt et la sollicitude d'un enfant séparé de sa mère, l'état de la Compagnie de Jésus, conservée en Russie par Catherine II, avec l'approbation formelle du Saint-Siège.

Si son âge et ses forces le lui eussent permis, il n'eût pas redouté les fatigues d'un long voyage pour se ranger sous la bannière de son Père saint Ignace, toujours flottante à Polotsk. Mais Dieu le destinait évidemment à continuer lui-même en France l'œuvre si chère à son cœur.

Nous avons retrouvé dans ses manuscrits la copie d'une lettre de Catherine II, conservée avec soin. Cette lettre prouve une fois de plus la volonté de cette impératrice de conserver les Jésuites dans ses États. Dieu lui-même avait suscité cette volonté dans son cœur; on peut voir combien elle y demeurait inébranlable :

« La Czarine, dit la note du P. Sérane, a trouvé, dit-on, mauvais que l'on blâmât ce qui se passe chez elle. Et pour tirer le Saint-Siège d'embarras, elle a fait à la Cour d'Espagne la déclaration suivante :

« Je fais sçavoir à Votre Majesté la résolution que j'ai prise « de conserver l'Institut des Jésuites dans mes États ; résolu- « tion à laquelle j'ai été portée par des motifs dont je ne « rends pas compte, comme je ne me suis pas opposée aux « intentions de Votre Majesté dans ses États envers ces « mêmes Religieux.

« J'espère que Votre Majesté ne mettra pas plus d'obstacle
« à ce que je fais dans le mien en leur faveur.

« Je lui fais également sçavoir que, dans tout ceci, je n'ai
« rien demandé, ni rien obtenu du pape actuel ; je n'ai fait
« qu'user du pouvoir que m'avait accordé gracieusement le
« feu pape Ganganelli.

« Cela étant ainsi, je préviens Votre Majesté que faire à ce
« sujet la moindre plainte de Sa Sainteté, et lui donner la
« moindre inquiétude, ce serait s'attaquer à moi-même, et
« m'obliger à prendre sa défense au risque de ma couronne,
« s'il était nécessaire. »

<hr>

VI

Arrêt du Parlement de Toulouse autorisant les obsèques dans l'Église de Nazareth.

<hr>

Samedi dix sept avril mil sept cens quatre vingt quatre, en
la grande Chambre ; présens : MM. de Senaux, président,
Condougnan, Miramon, Bardy, Montcassin, Gilède, Reynal,
Novital, Rey, Portes, Saint-Félix, Douald, Ginestet :

Sur la requête de fait montrée au procureur général du Roy, pré-
sentée à la Cour, le jour d'hier, par le syndic des prêtres de la
Consorce de Nazareth, érigée en cette ville : A ce que pour les causes
y contenues, il plaise à la Cour permettre à l'avenir aux prêtres de la
Consorce de Nazareth de se faire enterrer dans le caveau destiné pour
l'inhumation des prêtres consorcistes de Nazareth ; à la charge par
eux suivant leur offre de se conformer à l'article 2 de la déclaration
du Roy, du 10 mars 1776, et en conséquence que l'arrêt qui inter-
viendra sera exécuté nonobstant toutes oppositions et sans y préjudicier.

Veü la d. requête de fait montrée du dit jour ; ensemble

les conclusions du procureur général du Roy mises au dos
de la d. requête ;

La Cour ayant égard à la d. requête permet à l'avenir aux
prêtres de la Consorce de Nazareth de se faire enterrer dans
le caveau destiné pour l'inhumation des prêtres consorcistes
de Nazareth ; à la charge par eux, suivant leur offre, de se
conformer à l'article deux de la déclaration du Roy du
dix mars mil sept cens soixante seize ; ordonne la Cour que
le présent arrêt sera exécuté, nonobstant toutes oppositions,
et sans y préjudicier.

Desenaux, N. B. de Ginestet.

Cet arrêt de la Cour souveraine ne nomme pas le P. Sérane, mais il est porté le jour même (17 avril 1784) et à
l'occasion de sa mort. Nous ne sachons pas du reste qu'aucun
autre « Consorciste de Nazareth » ait eu à profiter de cette
permission.

Acte de décès du R. P. Sérane.

MAIRIE DE TOULOUSE

ÉTAT CIVIL

REGISTRE DES DÉCÈS
de la
Paroisse de la Dalbade.

Année 1784
Folio 3, verso.

L'an mil sept cent quatre-vingt-quatre et le
dix-neuf avril a été inhumé, au caveau des
prêtres consorcistes de l'église de Nazareth
de cette ville, le corps de M. Jean Sérane,
prêtre, âgé de soixante-douze ans ; par un arrêt
du Parlement qui nous a été signifié le dix-
huit courant ; assisté par le Révérend Père
Roure, prêtre de l'Oratoire et curé de la Dalbade ; présents : Messieurs Pierre Laurent et
Joseph-Augustin Ricoux, chantres de cette
église, qui ont signé avec nous les dits jour
et an.

VII

Contre le portrait du P. Jean Sérane.

Vers composés par son neveu.

Voit-on, dans ces crayons, de l'humble piété
Vivre l'expression touchante et naturelle ?
Y voit-on éclater cette sérénité,
    Rayon de la gloire immortelle,
    Qui dévoile la sainteté ?
    A la nature, l'art fidèle
    Colore-t-il du divin feu du zèle
    Les rides de l'austérité ?...
Mais de l'effort de l'art impuissance rebelle !
Être pur que du ciel l'amour a consumé,
Une trop faible ébauche ici nous le rappelle !
Il fallait au pinceau, pour qu'il l'eût ranimé,
Du soleil de justice emprunter l'étincelle
    Dont il avait été formé !

Pour le portrait du P. Jean Sérane.

Vers proposés par le même.

Pauvres, reconnaissez dans ces traits votre Père ;
Brebis fidèle, il fut votre guide éclairé ;
Égarée, au bercail il vous a ramenée,
Alors qu'un corps mortel l'attachait à la terre !
Aujourd'hui que son zèle au ciel est couronné,
Invoquons tous en lui notre ange tutélaire !

VIII

Saint Joseph-Benoît Labre et le P. Sérane.

Nous empruntons à M. l'abbé Toupin, curé de Suze-la-Rousse, la page qui termine sa Notice sur le P. Sérane. Les dernières lignes soulèvent une question intéressant à la fois la paroisse de Suze et la Compagnie de Jésus.

« La maison où habita le P. Sérane subsiste encore. Elle est située vers le milieu de la rue, à la naissance de laquelle s'ouvrait le portail de l'ancienne église paroissiale. La façade se fait remarquer par une porte cintrée et par une large fenêtre à meneaux. Une cuisine et un petit salon au rez-de-chaussée, une chambre et un cabinet au premier étage en constituent tous les appartements. Dans le salon est appendue une lithographie représentant l'hôte si charitable qu'abritèrent jadis ces murailles froides et nues.

« L'église où il exerça les fonctions du saint ministère a été transformée en remise; mais la magnifique chapelle qu'y avait annexée Louis-Amédée de la Beaume-Suze, sous le vocable de saint Sébastien, a été respectée. Acquise par la famille des Inards-Suze, elle attend que des mains généreuses rouvrent ses portes depuis plus de trente ans fermées, rafraîchissent sa parure ogivale, et rétablissent l'autel où le P. Sérane immola tant de fois l'adorable Victime.

« Sur l'ancien cimetière s'élève, depuis 1850, la nouvelle église paroissiale, édifice romain aux vastes proportions. Cet emplacement rappelle deux souvenirs bien chers aux habitants de Suze : celui du P. Sérane qui bénit là les tombes de leurs ancêtres, et celui de saint Benoît-Joseph Labre qui, allant de France en Piémont, y passa une nuit en prière. C'était en 1770. Il est donc fort probable que le Jésuite proscrit et l'admirable mendiant se sont vus et connus à Suze. Bien plus, le P. Sérane ne serait-il pas ce Directeur sage et éclairé, dont le nom reste inconnu, que Benoît-Joseph rencontra dans ses pérégrinations, après sa sortie des Sept-Fons, et qui lui révéla enfin sa véritable vocation (1)? C'est là un de ses mystères comme il s'en rencontre souvent dans la vie des Saints, et dont le secret ne nous sera dévoilé qu'au ciel. »

..... « Le juste dont nous venons d'esquisser la vie se souvient, lui aussi, il nous est doux de le penser, que Suze fut une portion du champ que la Providence lui donna pour cultiver. Dans ces jours mauvais, hélas! si semblables à ceux où il vécut lui-même, qu'il daigne conserver à cette paroisse la foi et la piété, fruits de son zèle apostolique, bénir tous ceux qui s'efforcent d'y continuer son ministère, en s'inspirant de ses vertus, en espérant sa protection.

« Le 17 avril prochain sera le centième anniversaire de la mort du saint Jésuite. Si cette Notice inspirait à quelques âmes la bonne pensée de l'invoquer, nous ne serions point surpris qu'il manifestât son pouvoir auprès de Dieu, en accordant des faveurs signalées. »

Né le 9 avril 1712, le P. Sérane avait accompli depuis dix jours sa soixante-douzième année.

(1) Cf. Léon Aubineau, *la Vie admirable du Bienheureux mendiant et pèlerin Benoît-Joseph Labre*, 4e édit., p. 69-74.

TABLE

PIÈCES JUSTIFICATIVES

www.ingramcontent.com/pod-product-compliance
Ingram Content Group UK Ltd.
Pitfield, Milton Keynes, MK11 3LW, UK
UKHW021521090726
13657UKWH00001B/368